Edition de la Ligue Anticléricale de France

Savoir orienter sa défiance...

LA CAVERNE ANTISÉMITE

PAR

JACQUES PROLO

I. Ali-Dreïmmund. — II. L'Antre sinistre ou les Mystères de la *Libre Parole*. — III. Le Juif et le Jésuite dans la Société moderne. — IV Antisémitisme et Anticléricalisme. V. Du Sacré-Cœur à la Raison. — VI. Conclusion.

PRIX: UN FRANC

PARIS
EN VENTE: LIBRAIRIE P. FORT
19 — RUE DU TEMPLE — 19

1902

LA CAVERNE ANTISÉMITE

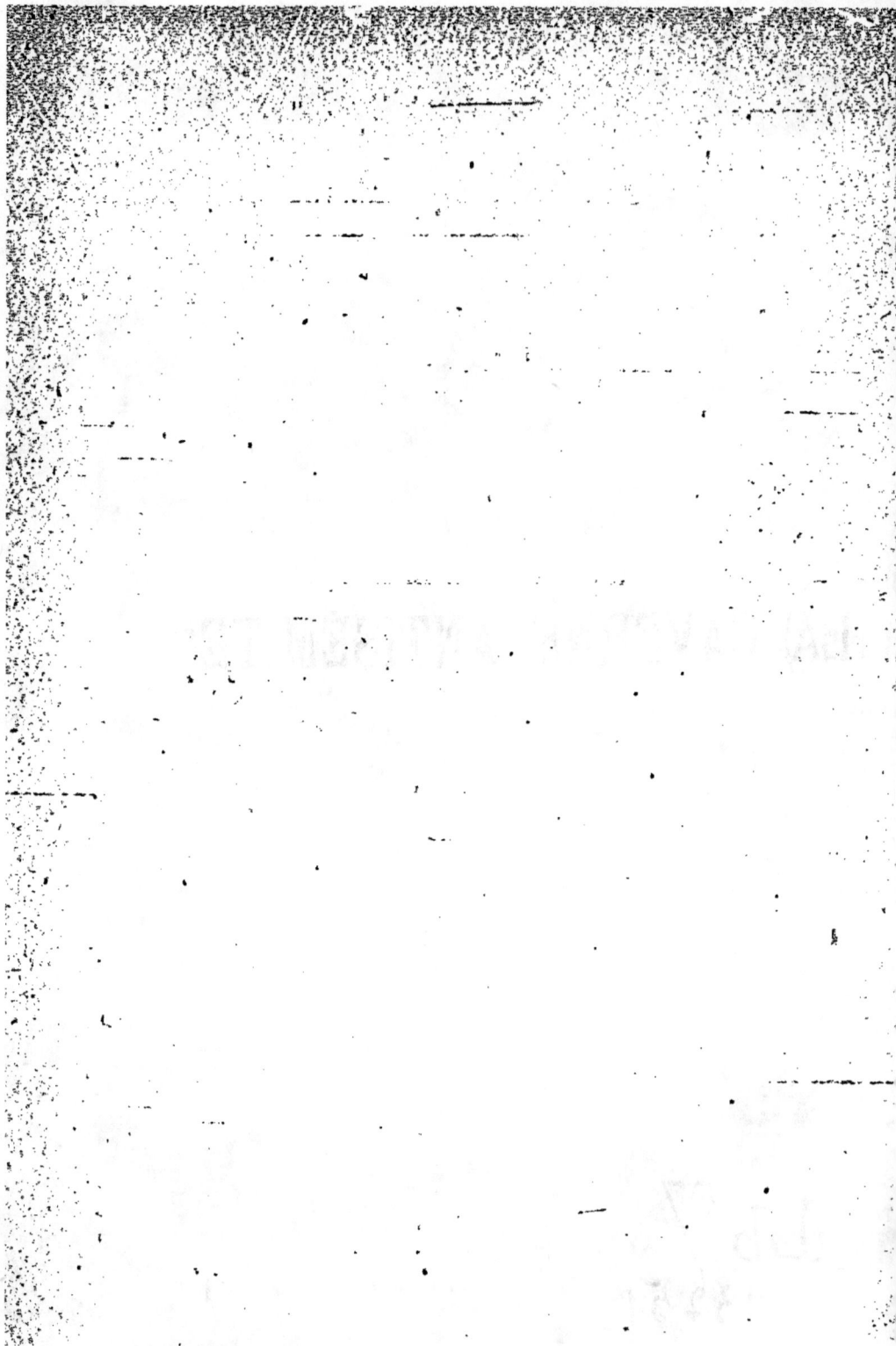

Edition de la Ligue Anticléricale de France

Savoir orienter sa défiance...

LA CAVERNE ANTISÉMITE

PAR

JACQUES PROLO

I. Ali-Dreïmmund. — II. L'Antre sinistre ou les Mystères de la *Libre Parole*. — III. Le Juif et le Jésuite dans la Société moderne. — IV. Antisémitisme et Anticléricalisme V. Du Sacré-Cœur à la Raison. — VI. Conclusion.

PRIX: UN FRANC

PARIS
EN VENTE: LIBRAIRIE P. FORT
19 — RUE DU TEMPLE — 19

1902

I

All-Dreïmmund

On nous contait un fait bizarre qui vaut d'être noté. Dans une ville d'Eure-et-Loir, une dame riche et considérée mourut. A la grande surprise des personnes qui la visitèrent à son lit de mort, son linceul consistait en une robe de dominicaine et la veillée fut faite par des sœurs de l'ordre cher au grand Inquisiteur. Plus tard, à la mort du mari, ce fut même exhibition. Cela produisit dans la famille et le voisinage une grande impression tôt changée en un malaise d'inquiétude. D'où il découle que nous coudoyons dans la vie des gens qui, sous l'habit civil cachent la soutane ecclésiastique tel l'ancien sous-secrétaire d'Etat Turquet, qui fut élève des Maristes, fonctionnaire républicain ensuite, puis retourna au vomissement clérical. C'est l'armée de l'espionnage et de la délation qui travaille, dans l'ombre, pour le Gésu, dresse la liste de proscription et marque d'une croix les maisons où s'abritent les saintes familles.

Tel doit être Dreïmmund, dit Drumont. Son masque hypocrite lui permet de sourire simultanément à tous les agents de réaction : à Philippe d'Orléans, à Victor Plon-Plon, à Marchand, à Méline, à tous les prétendants, comme à tous les vieux marcheurs, à Cassagnac, à Rochefort-le-Fossile, à Déroulède le Fou-Assassin, à Geslin de Quiberon. Il a fait chanter feu Félix Faure, avec le concours de Gypète-Bouffe-Carottes, comme un pupille de la chapelle Sixtine. Chaque jour, les opulentes congrégations, les cardinaux, les évêques, les curés et les moines, tous ceux qui portent la robe, rouge, violette, noire ou de bure, tremblent devant le tromblon redoutable du successeur de la maison Louis Veuillot.

Dreïmmund doit occuper dans les ordres une place prépondérante et très spéciale. Son ignominie et ses vices crapuleux justifient, sans aucun doute, sa mise à l'écart des grands conciliabules où sont décrétés les forfaits utiles à la prédominance de notre sacrée mère l'Eglise. En effet, on sait que pour ces besognes, le Gésu recrute volontiers des sectaires puritains, animés d'une rongeante ambition rodinesque, mais vivant éloignés des passions viles, comme l'ivrognerie du père B..., la paillardise du père H... et la pédérastie hélas ! trop commune aux disciples de certain père flagorneur des formes athlétiques.

Les porte-goupillon ne pouvaient éprouver la moindre répugnance à accueillir Dreïmmund, talent d'écrivain nourri d'humanités, véritable *digeste* des élucubrations sulpiciennes, abreuvé des mensonges historiques du père Loriquet, besoigneux et envieux à l'excès.

Dreïmmund a exploité tous les mondes : de l'israélite au Gotha, la presse religieuse et celle du chantage. On l'a vu faire antichambre chez les ducs et les banquiers, à l'*Univers*, au *Monde*, au *Gaulois*, chez la Duchesse, chez Gyp, chez Péreire, chez Cornélius Herz et chez Rochefort.

Il a promené, un peu partout, son visage répugnant de vieil antiquaire où s'abritent, derrière le lorgnon, deux yeux ternis dont la myopie lui joua plus d'un tour désagréable, notamment celui de saluer, tragique tel Frédérick Lemaître, une voiture cellulaire qu'il prenait pour une bande de manifestants antisémites. Les lèvres sensuelles et le menton aux éruptions prurigineuses, dissimulés par une barbe inculte, brouissailleux abri qu'affectionnent les petits labres en goguette, complètent son *facies* peu sympathique.

Le vieux sauteur de l'*Intransigeant*, avant sa maximophobie, alors qu'il redoutait ce concurrent venu se placer entre lui et Cassagnac dans l'ordure polémiste, affirmait à qui voulait l'entendre que Dreïmmund était un juif allemand, qu'il avait appartenu à la police secrète de l'Empire, sous le pseudonyme de Marc et que l'ex-collaborateur des Stamir et Marchal de Bussy était rongé par un lupus vénérien. Il faut dire que Rochefort ne pensait pas devenir, un jour, l'allié de ce personnage.

C'est dire que Dreïmmund, avec ses infamantes qualités, devait être entre les mains expertes des patrons du Gésu un instrument de premier ordre. Après la publication de la *France Juive*, patient travail de compilation et de cancans, il s'aboucha avec l'escroc J.-B. Gérin et un juif, Gaston Crémieux, pour fonder la *Libre Parole*. Parmi les avantages que lui concédait la société en commandite, il y avait une voiture au mois. Ah ! cette voiture ! Avoir une voiture à soi comme Rochefort, un domestique à soi comme Rochefort, un cocher à soi comme Rochefort, M. Dreïmmund n'en pouvait croire ses pauvres yeux qui ne lui reflétaient qu'imparfaitement son luxe de parvenu. Fort heureusement pour lui, car ses compères avaient, à une guimbarde de rebut, attelé une haridelle efflanquée comme en dessinait Cham. Le cocher, avec sa houppelande hors d'usage, son chapeau crasseux et son air maraudeur, complétait l'assemblage symbolique de Bertrand conduisant au Bois son copain Robert Macaire. Quel équipage !

Dès ses débuts à la *Libre Parole*, il marqua une tendresse spéciale aux policiers qui fréquentaient la maison : Cesti, Vitrac-Desroziers, plus tard l'espion Esterhazy. Quand on a appartenu à la police, il convient d'encourager ceux qui embrassent cette carrière.

Journaliste habile, il s'employa à créer une diversion dans le parti républicain. La lutte était engagée entre ceux qui professaient l'opportunisme politique du piétinement sur place et ceux qui voulaient, par une marche permanente vers le progrès, barrer la route à tout retour en arrière, supprimer les monopoles et les privilèges, développer l'initiative et l'intelligence du peuple, pour aboutir à une société fraternelle, meilleure en sa forme et en ses manifestations économiques.

Dans sa haine de cagot vénal, il devina tout le bénéfice pécuniaire qu'il pourrait retirer de violentes campagnes contre les Juifs. Il vit s'entr'ouvrir les coffres-forts de ceux-ci sous ses rodomontades menaçantes et une foule d'affranchis, inconscients, ivres de sang, barbouillés d'eau bénite, lui faire escorte. Nul ne se dressa pour opposer une digue à ces légions d'abrutis. Comme un choléra, cette épidémie nouvelle vint immobiliser les doctrines, renforcer d'un poison stupéfiant l'élément réacteur. Quelques-uns, plus méfiants, voulurent réagir contre ces menées dangereuses, étouffer l'oison dans l'œuf. On trouva leurs protestations inutiles, de mauvais goût et, dans le silence d'un mépris imprévoyant, le mal fit son œuvre de destruction. Une nouvelle guerre religieuse, en pleine paix civique, s'alluma dans le clair horizon de 89.

« Braves gens, disait en substance l'abject Dreïmmund avec l'air bonhomme d'un vieux philosophe désabusé, les Juifs égarent votre jugement. Pourquoi suspecter la loyauté, la pureté, la foi du digne prêtre qui vous aime ?

« Pourquoi vous défier du pauvre moine, miséreux comme Job, qui vit dans son indigence, sa contemplation, et troubler sa retraite sacrée de vos clameurs impies ? Pourquoi discuter l'autorité du patron chrétien, lorsqu'il exige de son personnel les pratiques religieuses de nos ancêtres vénérés ?

« Pourquoi convoiter les propriétés des nobles, fustiger l'oisiveté de ces cœurs généreux dont la généalogie atteste mille ans de vaillance et de dévouement ?

« Pourquoi vous attaquer aux croix de Montceau-les-Mines et d'ailleurs, emblêmes des souffrances endurées par l'Homme-Dieu pour racheter vos péchés ?

« Pourquoi insulter à la grande et philanthropique lignée des Chazot, Schneider, Reille, Motte, Harmel et autres bons patrons catholiques ?

« Au lieu de protester contre des abus qui, croyez-moi, sont imaginaires, que ne consultez-vous votre curé, doux pasteur évangélique, représentant direct d'un Dieu de miséricorde ? Le bon prêtre interviendra en votre faveur et, ce qu'on refuse justement au serviteur révolté est accordé au croyant qui s'humilie, sous la protection d'un fils de Jésus-Christ. Il en était ainsi avant la Révolution, mais les Juifs Marat, Danton et Robespierre ont tout changé !...

« Etes-vous furieux ? Pour apaiser votre colère, faites comme nos bons rois de jadis. Tuez quelques Juifs et le calme renaîtra en votre âme chrétienne. Il en était ainsi... etc.

« Avez-vous faim ? Etes-vous dans la gêne par le chômage ou la maladie ? Volez, dépouillez quelque Juif, mais ne troublez pas la quiétude de vos maîtres qui sont vos coreligionnaires. Il en était ainsi... etc.

« Ouvriers, adhérez aux cercles catholiques. Foin de ces syndicats où se discutent les questions sociales et les revendications inventées par des Juifs, pour jeter le trouble dans les ateliers chrétiens ! Ecoutez plutôt les bons conseils des abbés et suivez les instructions du comte de Mun. Des méchants vous diront que le noble comte n'a jamais travaillé, qu'il ignore vos besoins, vos misères et les exigences de votre dur labeur. Ce sont de sales Juifs ! Le comte de Mun sait mieux ce qui convient à votre existence que vous-même. C'est un vieux cuirassier blanchi à l'ombre du drapeau tricolore orné du Sacré-Cœur. Dieu, qui dirigea son bras vaillant et son sabre, inspirera à ses méninges des solutions adéquates à votre statut. Mais n'oubliez pas que sa main charitable qui vous soutiendra dans vos défaillances peut aussi châtier le rebelle égaré par Satan. Il l'a montré en 1871 à vos camarades de la Commune. Si ses mains sont teintes de leur sang, il n'en est pas moins un bon français, car il n'a démérité ni de Dieu, ni de la Patrie. Fiez-vous, ouvriers mes amis, à ce bon chrétien, à ce philanthrope.

« Bourgeois, soutenez le Trône et l'Autel, car aux nations catholiques, il faut de bons bergers ; quoi de plus suave, de plus doux que la houlette des Bourbons ? Vous ne voulez plus de royauté ? A votre aise, choisissez le plus hardi, le plus brave de nos généraux, faites-en un dictateur et qu'il terrorise l'étranger. Sous son régime autoritaire, vous n'aurez rien à redouter des masses qui pourvoient à votre bien-être. Vous ne voulez pas de dictature ? Alors vivez en république, mais que le président, au moins, soit un vaillant général !

« Républicains, il n'y a pas de vraie république, si l'on conteste l'existence de Dieu, les droits des saintes congrégations ; si l'on ose parler des attaques mystico-hystériques de sainte Thérèse. La négation de la religion, c'est la mort de l'autorité patronale, de l'autorité militaire, de l'autorité du pouvoir exécutif. Un gouvernement sans Dieu, sans sanction divine, encourage les revendications de la canaille, favorise les menées des partisans du Progrès, cet engendreur de luttes sociales qui crée des trouble-fête et rend plus difficiles les digestions béates. Ecoutez-moi, vos intérêts matériels le commandent.

« Nobles, recommencez les chevauchées de vos aïeux ! Que sous l'égide de l'Eglise, notre sainte mère, nous revenions au bon vieux temps où, la

joie au cœur, l'on exterminait les infidèles et les
Juifs en confisquant leurs biens. Dragonnez hugue-
nots et huguenottes, que votre flamboyante épée
nous débarrasse des francs-maçons manichéens qui
osent narguer notre foi et parler d'athéisme, de
libre pensée ! Que Philippe, Victor, Louis ou le
général N'importe-Qui devienne roi, empereur,
dictateur ! Mais que l'on fasse vite pour Dieu et la
Paâtrie ! Mort aux Juifs ! mort aux idéologues !
mort à tous les récalcitrants ! »

Pour varier les plaisirs innocents de sa jolie clientèle, il conte, entre temps, avec d'aimables détails,
le tant recherché spectacle moyenâgeux où l'on
faisait rôtir un Juif révêtu, au préalable, d'une che-
mise soufrée.

Ainsi se résume l'œuvre de douceur et de bonté
du candide Dreïmmund. C'est ce qu'il appelle « ac-
coutumer son esprit à planer dans ces *templa serena*
dont le poète a parlé. »

A cette campagne suintant d'infamie, les moines
prodiguent leur ardent concours. Ils joignent, har-
monieux concert, leurs cantiques aux féroces clameurs de Dreïmmund. Les pères directeurs s'en
vont partout, à l'école, à l'église, aux ministères,
à l'Elysée, répétant, l'œil séducteur : « Nous voulons la République, nous chantons à tue-tête le
Domine salvam fac Rempublicam, mais on nous
persécute ! Qu'on abolisse les lois d'accroissement,
plus de curés sac-au-dos, plus d'enseignement laïque, plus de lois sur les congrégations et qu'elles
puissent se développer en paix. A nous, de la Primaire à l'Université, les enfants et les adultes. A
nos élèves, l'Etat-Major, les grades supérieurs dans
l'armée, les hautes fonctions dans la magistrature,
les ministères, les préfectures et autres administra-
tions d'Etat. Nos exigences sont modestes ; le
Tout-Puissant dont nous sommes les humbles ser-
viteurs n'a-t-il pas dit que son royaume n'était pas
de ce monde ? »

— Et le pouvoir civil, murmure l'infatigable raisonneur, qu'en faites-vous ?

Qu'est-ce à dire ? vous résistez aux sommations des saints moines ? Alors, Dreïmmund s'apitoie sur le sort des pauvres religieux persécutés et, une fois de plus, le coffre-fort de Rothschild grince sous la pression violente de la *Libre Parole*, cette pince-monseigneur perfectionnée. C'est la *vingince*, dans toute son horrible acception, *vingince* deux fois douce à son cœur, car Dreïmmund est avant tout un homme d'argent. S'il flatte le petit commerce, il ne peut s'empêcher, dans sa rage harpagonnesque, de terroriser les grands magasins et les établissements juifs pour leur arracher des annonces. Vis-à-vis de la Banque, il fait le rodomont à chaque nouvelle émission. Toutefois, on raconte que, par prudence, il a placé ses fonds dans les banques juives de l'étranger.

L'Antre Sinistre

Il est difficile de projeter un rayon de lumière dans l'antre sinistre où s'élabore la *Libre Parole*. Le répugnant gredin, le juif apostat Dreïmmund, évoque à lui seul la puanteur asphyxiante de quelque gigantesque sentine où puruleraient les excréments et les charognes de millions d'orgiaques. Ce youtre à face de bouc, reflétant la honte, la trahison et la sauvagerie, est la suprême incarnation du banditisme journalistique du xx° siècle.

On se souvient de son chantage vis-à-vis de Cornélius Herz. Morès, l'âme du mouvement antisémite, était le confident assidu, l'ami de Dreïmmund. Il lui avait, dès le début, assuré le concours des boyaudiers et tueurs de bœufs de la Villette. Ce pieux mousquetaire, mâtiné d'aventurier, qui affrontait les bruyantes réunions publiques avec la crânerie d'un Cody, dépensait l'argent sans compter, en de folles parties de baccarat. N'estimant la vie que pour les jouissances qu'elle procure, Morès eut le tort de naître à une époque trop utilitaire. Sous l'ancien régime, au temps des fastueuses épopées, de la guerre en dentelles, il eût étonné le monde du bruit de ses exploits.

Morès qui aurait dû, pour la beauté du geste, figurer dans l'escorte d'un Turenne, d'un Villars, chut, malheur des temps, dans l'entourage de Dreïmmund. On se l'imagine volontiers revenant à son castel, ses valets chargés des dépouilles opimes de quelque valeureux vaincu. Redoutable au combat, fantasque en ses bontés, violent en ses colères, la main ouverte pour bénir, le poing tendu pour châtier, Morès, adorateur d'idoles, aurait frappé de l'épée, du crucifix, l'infidèle assez opiniâtre pour résister à ses désirs ou à ses superstitions.

Notre siècle de vapeur et d'électricité est peu favorable à l'épanouissement de la race aristocratique. Elle s'effondre sous l'effort constant des masses laborieuses guidées par la raison.

Donc, le lendemain d'une forte « culotte » au Cercle, Morès vint frapper à la porte de son ami Dreïmmund qu'il n'avait cessé d'envelopper de tendresse, de déférence et de dévoûment,

Il n'ignorait pas que Dreïmmund thésaurisait et que sa plus grande joie consistait à ouïr le doux carillon des pièces d'or, remuées fébrilement dans un sac, simple goût atavique. Cependant, il ne pouvait supposer que l'or, accumulé par l'effort collectif de la propagande antijuive, devait être enfoui *for ever* dans les coffres du patron. « Mille louis, pour sauver la face d'un ami, pensait assez judicieusement Morès, c'est une bagatelle. » Dreïmmund, en moins d'une année, venait d'encaisser plus de cinq cent mille francs.

Morès éprouva une douloureuse déception. Dès qu'il présenta sa requête, Dreïmmund répondit qu'il n'était pas riche, qu'il devait songer au lendemain, qu'il allait mourir, les juifs ayant offert un pont d'or aux héritiers des Borgia pour acquérir de violents toxiques à son intention. L'autopsie de son corps prouverait le crime, mais les médecins légistes, tous vendus aux juifs, déclareraient sa mort d'un naturel insoupçonnable.

Larmoyant, il fit à Morès, estomaqué, le tableau de ses funérailles, lui donna de suprêmes instructions et lui exprima le désir de réserver une honnête gratification au prêtre qui frotterait d'huile ses orteils. « Pour se tirer d'embarras que n'allait-il contracter un emprunt chez quelque juif ? Cornélius Herz, par exemple, un panamiste dénoncé, chaque jour, par la *Libre Parole* ».

Morès perdit ses illusions sur la moralité de son illustre ami. Il n'avait pas encore envisagé l'antisémitisme sous cette forme singulière du réveil national et il voulut s'instruire jusqu'au bout. Il représenta à Dreïmmund que son caractère s'opposait à une pareille démarche et il le pria, pour tranquilliser sa conscience, de l'accompagner dans cette expédition. Il espérait un refus qui aurait provoqué une explication décisive. Hélas ! à sa grande surprise le vieil avare, acculé à son coffre, accepta la proposition et vint promener sa redoutable escopette sous le nez du « juif honni ». Morès eut ses mille louis, mais il avait perdu sa confiance candide en l'esprit des revendications désintéressées de Dreïmmund. C'est, à la suite de manœuvres de ce genre que Dreïmmund, par un touchant euphémisme, se flatte d'avoir prêté de l'argent à ses amis.

Depuis, Morès succomba sous les coups des touaregs, mais il avait été blessé à mort par l'ingratitude et l'avarice de Dreïmmund. Tel, mourut en Egypte, Olivier Pain, dégoûté de l'inconscience et de la scélératesse de Rochefort, qui le renvoya de l'*Intransigeant* parce qu'il se refusait à accepter la collaboration d'un versaillais. Similitude frappante. Lorsque Rochefort apprit la mort d'Olivier Pain, tué dans une bataille par une balle anglaise, il exploita impudemment son cadavre, Dreïmmund en usa de même avec la dépouille de Morès. De quelle boue est donc pétrie la mentalité de ces deux polémistes ?

Depuis, les affaires de la *Libre Parole* ont prospéré. La mort du faussaire Henry, la lutte contre Reinach, les convulsions d'Esterhazy, et tous les avatars de la campagne anti-dreyfusiste ont fait déborder de pépites précieuses le tumultueux fleuve de chantages antisémites. Dreïmmund, très expérimenté, dans le journalisme, pensa logiquement que les imbéciles et les brutes qui l'appréciaient comme « philosophe » pouvait bien payer sa gloire. Double profit. Il percevait chez le juif effrayé par ses rodomontades et chez le malfaisant cagot halluciné par ses mensonges.

Pendant plusieurs années, aucun des malandrins de son entourage n'osa articuler le moindre grief contre la sordide avarice du Maître, dans l'espoir que, gorgé d'or, il voudrait bien compatir à la situation indigente des autres. Cela durerait encore si, redoutant quelque cambriolage possible de ses inquiétants amis et aussi, dit-on, la conséquence de responsabilités, bien lourdes à l'âge d'un vieil ermite, Dreïmmund n'avait cessé d'opérer lui-même. Sans crier « gare ! » il promut aux imposantes fonctions de garde-caisse « l'Intendant » personnage légendaire digne d'être croqué vif dans l'édition définitive de la *France juive*.

Les colères longtemps contenues se déchaînèrent avec la violence de l'ouragan.

Tel, vêtu des armes d'Achille
Patrocle mit l'alarme au camp et dans la ville.

D'où sortait l'*Intendant* lorsqu'il apparut soudain à la *Libre Parole* ? Les avis étaient partagés autour du vieux Jupiter semitophobe. Etait-il son neveu, son protégé, son porte-coton, son cuisinier ou son infirmier ? Jouissant de la confiance illimitée du Maître, de l'inestimable privilège d'accéder à son chevet, l'*Intendant* fut accueilli fraîchement par ses collaborateurs. L'intrusion de Baptiste Roche et Ayraud-Degeorge, nobles soldats versaillais, ne provoqua pas pires rancunes à l'*Intransigeant*. Modeste employé dans quelque vague bazar de quincaillerie, de ceux que les curés et les gros propriétaires appellent paternellement : « mon brave homme », « mon ami », l'*Intendant* fut *illico*, de par la volonté de Dreïmmund, investi de hautes et lucratives fonctions. Il devint l'administrateur général de la Boîte à musique pour faire chanter Israël. Et, il s'en tira avec adresse, puisque s'il faut en croire ceux qui l'ont approché, alors qu'il portait un complet de 39,50 de la Belle Jardinière, il a pu en quelques années de gestion, économiser la bagatelle de quatre cent mille francs.

Pourquoi à l'instar de son illustre patron, l'Intendant fut-il insatiable ? Pourquoi, en période électorale, si lucrative pour les maîtres chanteurs et les pipeurs de collectes, a-t-il voulu se réserver le monopole des encaissements et ne laisser aux autres coryphées, pour prix de leur inaltérable dévouement à la Cause, que la dégringolade de pantes douteux, attardés dans les réunions suburbaines où pérorent l'anglais Mercier et l'éminent héritier du boucher Cavaignac ?

Cet appétit devait perdre le compère de Dreïmmund. Toutes les convoitises déçues s'alarmèrent de ses agissements et un douloureux quart d'heure sonna à sa pendule. Les disets des amis prirent une forme provocante et la discorde rompit l'harmonie. Ceux qui avaient payé de leur peau, de leur liberté, l'ignominieux travail de Dreïmmund, dénoncèrent au public les entreprises de la coterie artificieuse. La liste des chantages récents de la *Libre Parole* fut livrée à l'avide curiosité des amis et ennemis, le bilan de la gestion apparut dans sa décevante horreur. On reprocha à celui qui s'intitule modestement l'« Intendant de l'Antisémitisme » d'avoir enseigné le solfège à Edmond Blanc tenancier du claque-dents de Monte-Carlo et propriétaire, malgré lui, de journaux nationalistes, à Peixoto, directeur de la Compagnie américaine d'Assurances l'Equitable des Etats-Unis, aux boyards Oppenheim et Heymann. Il aurait, paraît-il, transformé ces circoncis en porteurs de parts de la *Libre Parole*. N'est-ce pas les circoncire deux fois ? On cita comme personnages *tabous* de la Cayenne, le préfet Lépine, Mougeot,

Demagny et quelques autres. Non pas que ces derniers eussent acquitté une rançon, *casqué* comme dit l'*Intendant*, mais parce qu'ils auraient consenti à fermer les yeux sur certaines opérations de la maison. Il serait curieux de connaître ceux qui, d'étiquette républicaine, jouissent de l'immunisation, grâce au virus sémitophobe inoculé par les doigts habiles de Dreïmmund. Dans l'entourage du père Pain-Cher, ils sont presque tous vaccinés.

Les anciens amis de l'*Intendant* lui reprochent, en outre, d'utiliser l'argent des souscriptions au profit de sa librairie antisémite — excellente affaire fondée avec la « bonne galette » des gogos antisémites — en expédiant « pour la propagande » des volumes facturés 3 fr. 50, alors qu'ils auraient été achetés 30 centimes en solde. Dreïmmund qui a tous les cynismes vous dira que c'est un excellent moyen de relever le marasme de la librairie « accaparée par les juifs ». Naturellement ! Mais, vous nous concéderez que cette opération représente un joli bénéfice pour un honnête chrétien qui dénonce chaque jour, le lucre usuraire réalisé par le « juif immonde ».

Un homme qui arrive en quelques années à posséder une pareille bosse du *bedide gommerce* n'est pas un type banal, même dans la collection des caractères antisémites où l'on retrouve, à plusieurs exemplaires, les Giboyer, les Rastignac, les Rubenpré, les Vautrin, les Bec-Salé et les Coupeau. Plastronnant aux sensationnelles réunions mondaines, devenu une manière de personnage redouté, il n'aimait pas à entendre évoquer son extraction et il obligea sa famille à renoncer au nom patronymique de ses aïeux. L'histoire ne dit pas que le Vieux Youtre intervint pour débaptiser et rebaptiser les parents. Il sera certainement anobli par le nouvel Empire, si Dreïmmund, aidé de Méline, parvient à l'instaurer.

L'*Intendant* devait réaliser le *summun* de l'escobarderie antijuive, en lançant le célèbre et inégalé

Traitement du Chartreux. La vente des parts de la
Libre Parole, l'édition et l'écoulement des soldes
insuffisaient à sa gloire. Il devait, universel en son
genre, terrasser la *synovie*. Sous la signature apo-
cryphe d'un illusoire prieur Dom-Marie, il offrit
aux pauvres gobeurs qui composent la clientèle
du père Grippe-Sous, le moyen de vider leurs sacs
synoviaux constamment alimentés par l'absinthe et
l'excitation de proses malfaisantes. Pour 8 francs
chez le pharmacien, 9 francs à domicile, il proposa
à l'admiration publique une nouvelle drogue
guérissant les rhumatismes, la goutte et l'arthri-
tisme.

Pauvre Dreïmmund ! Il devait tomber du char-
latanisme politique dans l'exploitation éhontée des
douleurs humaines. S'il continue, nous le verrons,
quelque jour, sur une foraine estrade, la ligne à la
main, promenant sous le nez des gosses attentifs
un morceau de pain d'épices.

D'où vient le titre suggestif du médicament en
question ? De mauvaises langues prétendent que le
livre de chevet de Dreïmmund, le notoire *Portier
des Chartreux*, donna à l'Intendant l'idée d'intitu-
ler son produit : *Traitement du Chartreux*. Le re-
mède auprès du mal, n'est-ce pas la sage devise de
la pharmacopée et la preuve de la bonté de l'Esprit
Créateur qui donna naissance au mal pour créer le
bien ? Nous ne croyons pas à l'explication qui précède parce que tout le monde sait que Dreïmmund
repose sa pensée dans la lecture de l'*Imitation de
Jésus-Christ*, dont on retrouve, dans ses œuvres, le
parfum d'amour, de miséricorde et de pardon.

Nous préférons nous ranger à l'avis de ceux qui
insinuent que les fameux moines de la Grande
Chartreuse ayant refusé de prélever, sur la part du
pape, une petite rançon pour l'ami Dreïmmund,
celui-ci se serait vengé en usant abusivement de
leur marque bien connue.

Quoi qu'il en soit, les journaux nationalistes, les
Croix, les *Semaines Religieuses*, insérèrent à bon

compte les annonces du nouveau curatif. Le succès fut énorme. On supposa, non sans quelque raison, que les célèbres moines, après avoir tant contribué au développement de l'alcoolisme en France, par la vente de leur chartreuse aussi néfaste que l'absinthe, opposaient un médicament aux dangereuses conséquences de leur liqueur. En un mot, qu'ils tiraient une seconde mouture de leur sac à malices commerciales. Pauvres moines ! on les soupçonne toujours de quelque mauvais coup.

Et c'était joie à la *Libre Parole*. L'intendant emplissait ses coffres devenus pléthoriques de *jaunets*. La bombance régnait à la santé des abrutis. Les candides malades qui utilisaient le *traitement*, plus goutteux, plus rhumatisants, plus arthritiques que jamais pensaient, en *aparté*, que le chartreux Dom-Marie était un fier imposteur, mais accoutumés aux filouteries spirituelles et temporelles de Dieu, du Pape et de Dreïmmund, ils n'allaient pas se plaindre à Rome. Quant aux Chartreux, innocents en l'espèce, ils restaient bouche bée devant une telle impudence, mais ils se gardaient bien de protester, ne tenant pas à voir instruire leur procès et succomber, sans gloire, sous la dent cruelle de l'Ogre antisémite.

Tout était donc pour le mieux, lorsqu'un ecclésiastique, curieux de médecine et de pharmacopée, voulut connaître le prieur Dom-Marie dont la sainte signature ornait les étiquettes de la panacée. Il apprit que ce cafard était terrestrement inexistant et qu'il habitait l'imagination fertile de l'*Intendant*, propriétaire du produit. Quelques évêques s'émurent, la publicité devint plus difficile, c'est-à-dire plus onéreuse. Cette fois, Basile, à son propre étonnement, colporta une vérité au lieu d'une calomnie. Le scandale éclata. On obligea les Chartreux à se dégager de cette escroquerie. Il le firent avec regret, dans la *Semaine religieuse* de Grenoble, qui inséra le 30 janvier 1902, leur protestation :

« *Nos lecteurs ont pu voir plusieurs fois à cette*
« *même place une réclame intitulée :* « *Traitement*
« *du Chartreux Dom Marie* ».

« *Nous recevons, à ce sujet, de la Grande Char-*
« *treuse, la note suivante, que nous nous faisons*
« *un devoir de publier :*

« *Les RR. PP. Chartreux déclarent qu'ils sont*
« *absolument étrangers au Traitement du Char-*
« *treux Dom Marie.*

« *Ils protestent contre une usurpation de leur*
« *nom qui ne peut qu'induire le public en erreur*
sur l'origine de ce produit.

LE PÈRE PROCUREUR. »

Maintenant, une considération s'impose à ceux
qui discutent, même devant la jonglerie des mots
accompagnée de signes de croix. Croit-on, sincè-
rement que Dreïmmund, le plus dégoûtant, le plus
infâme des gazetiers de notre époque, aurait toléré
toutes ces opérations malhonnêtes, s'il n'en avait
retiré un gros profit personnel ? Ceux qui le con-
naissent affirment le contraire. Il surveille sa
publicité avec une persévérante attention. Le boni-
ment, soit, mais avant tout les affaires. Quelques-
uns de ses mercenaires se taisent, dans l'espoir de
décrocher un mandat électif, à la faveur du tinta-
marre antisémite. Ah ! quel bonheur de conquérir
la belle indépendance, affirmer ses idées, au lieu
d'assouvir les rancunes monstrueuses de Dreïmmund.

Lorsqu'on dressera le bilan de Dreïmmund, sa
vie comportera un grand enseignement. On pourra
juger à quelles profondeurs de crime et d'infamie
peut glisser la conscience d'un homme altéré de
gloriole et d'argent. De quelles bassesses, de quelle
férocité est capable celui qui veut se venger, sur ses
bienfaiteurs, de la honte ressentie par son orgueil
immense dans les mauvais jours !

L'amertume d'oboles, remises parfois dédaigneusement, n'expliquera pas qu'il veuille faire massacrer ceux qui lui prêtaient cent sous pour abriter, ailleurs que sous les ponts, ses vêtements sordides, sa carcasse décharnée et les poux qui la rongeaient. ——

III

Le Juif et le Jésuite

DANS LA SOCIÉTÉ MODERNE

La moralité d'un chef de parti n'offrirait qu'un intérêt secondaire si elle ne permettait pas d'établir les bases philosophiques de sa thèse doctrinale. Selon que les pensées qui l'animent sont viles ou respectables, ses campagnes politiques revêtent un caractère *ad hoc*. Chez Dreïmmund, la corrélation est frappante. On va pouvoir en juger.

Dreïmmund n'a jamais vu ses coreligionnaires travailler manuellement. Les juifs de Pologne, de Russie, d'Allemagne, d'Angleterre et de France qui geignent dans des ateliers malsains pour un salaire infime, consument leur santé, sans plaisir ni joie, en des labeurs qui répugneraient aux ouvriers de nos villes, n'existent pas pour lui. Ces malheureux, exploités par des coreligionnaires sans entrailles, représentent cependant le type du prolétaire pressuré à l'état aigu. Ils sont le plus frappant exemple de l'odieuse exploitation de l'homme par l'homme, chère aux sociologues distingués de l'école libérale. Dreïmmund ne veut pas les connaître, car leur existence détruirait son édifice infâme. Et, cependant, il lui suffirait d'errer quelque jour dans les bouges du Marais ou dans les environs de l'East End, à Londres, visiter les taudis des rues avoisinant Petticoat-Lane, voir ces grandes

casernes aux murs crépis à la chaux où des milliers
de pauvres bougres, résignés et fatalistes, peinent
pendant douze heures, pour un salaire de six *pence*
(13 sous). — Mais en les visitant, Dreïmmund dé-
clarerait encore que ces hébreux sont de ridicules
figurants, payés par Rothschild, pour attendrir son
âme de bon chrétien. Ils ne doivent pas exister
dans sa formule, donc ils n'existent pas. Tel le
transfuge Chirac qui, ayant fixé la date de la faillite bourgeoise à 1892, a préféré devenir antisémite
que de reconnaître loyalement son erreur.

Dreïmmund ne commence à accorder aux juifs
une possibilité de réalité que s'il les rencontre ven-
dant des casquettes ou des lunettes à des ivrognes
qui les injurient. Ils font du commerce, c'est dans
sa thèse. Alors, dans sa barbe de parvenu, il pro-
fère à leur adresse quelques basses insultes, leur
reprochant leur sobriété antichrétienne et leurs
efforts, arrosés de larmes et de misère, pour s'éman-
ciper de la férule patronale.

Pour amasser des écus, Dreïmmund a pris le
boursicotier comme l'unique type du juif. Il a flatté
un préjugé populaire et groupé, en ouvrant toutes
grandes les écluses de la Menace et de la Violence,
tous ceux que le problème social effraie par sa com-
plexité et qui préfèrent s'attaquer à une partie des
Effets, au lieu de concentrer leur énergie contre
la Cause.

Nous avons tenu à marquer d'une première in-
conséquence la campagne antisémite, pour poser
en principe qu'il y a dans le monde sémite, comme
dans les mondes protestant et catholique, une dé-
marcation très nette entre le salarié et l'employeur.
En proie à la concurrence, celui-ci, facteur incons-
cient d'une société égoïste, défend sa fortune, ses
bénéfices, contre celui-là qui s'efforce d'obtenir le
meilleur loyer de ses services, selon le savoir acquis et les nécessités plus ou moins pressantes de
l'heure où il se loue. Il fallait, d'autant plus, noter
cette considération qu'il nous sera impossible de

revenir sur ce sujet susceptible de longs développements sociologiques.

Le juif ploutocrate représente, au point de vue des gens qui n'ont jamais accordé un instant de réflexion à leur statut économique, la puissance de l'Argent. Éloigné, jadis, de toute production par les ukases papaux, le juif s'est livré au commerce. La vente de marchandises variées devait par l'enchaînement des échanges créer le prêt d'argent. Au temps des jurandes et des maîtrises, pour acquérir des privilèges de commerce, dispensés aux seigneurs et laquais de la maison royale, il fallait posséder ou emprunter des fonds. Sous la Rome antique, les propriétaires fonciers créaient des boutiques et des ateliers qu'ils faisaient gérer par des affranchis régissant les esclaves. Ils prélevaient ainsi de gros bénéfices sur cette exploitation. Au fur et à mesure du développement des relations internationales, de la production et de la consommation, il a fallu innover le crédit, source intarissable des affaires ; la Banque est née de cet état de choses. Le juif n'aurait pas existé que la Banque aurait opéré sans lui, avec les mêmes procédés. C'est ennuyeux pour Dreïmmund, mais on ne peut changer la face du monde pour lui faire plaisir.

La Banque est l'instrument formidable des affaires sur lequel repose toute la factice opulence du négoce. Du haut en bas de l'échelle sociale, la grande majorité vit sur le crédit et comme l'imprévoyance, la malchance ou l'infortune le rendent souvent usuraire et ruineux, on le maudit tout en reconnaissant qu'il procure le moyen unique de paraître tenir un rang. Sans lui, pourrait-on faire face aux multiples besoins, aux exigences souvent absurdes de la vie sociale ? au faste, au ridicule besoin de briller ? cet autre préjugé qui empoisonne les meilleures relations, brise les plus chères amitiés, infiltre l'envie dans les familles unies, dissocie des ménages.

L'industriel, le négociant et le commerçant, ou-

tre les charges souvent accumulées pour le départ
de leur entreprise ont accoutumé de vivre de telle
façon que, pour parer aux échéances des fournisseurs, — car il est de règle d'acheter à crédit, — ils
sont obligés de faire argent en faisant escompter
des valeurs sur leurs clients. D'où intervention du
banquier qui prélève un pourcentage, peu élevé
s'il s'agit de clients très solvables, usuraire s'il y
a de grands risques à courir. Que celui-ci ait le nez
crochu d'Arthur Meyer ou l'appendice nasal en
pied de marmite de Boni (de Castellane) la concurrence égalise le taux d'intérêt. Si vous addi-
tionnez avec le prélèvement du banquier, la majo-
ration que le marchand ou le fabricant ajoute à
son bénéfice normal en prévision des risques et de
l'intérêt, vous obtenez une surcharge de dépenses
bien inutile. Pour l'éviter, il faudrait inaugurer
dans notre société un genre de vie plus rationnel
et que chacun tînt une comptabilité plus sévère de
ses deniers disponibles.

On dispose des fonds en poche, on prend des en-
gagements à terme chaque fois qu'il est possible
d'éviter un paiement comptant et l'on sourit au
crédit aimable qui s'offre, avec ses myriades de
suçoirs pour le revenu à venir. Vienne une catas-
trophe (mauvais débiteurs, ralentissement d'affaires) le déficit et les dettes creusent un gouffre
où s'engloutit une situation chèrement acquise.

Chez le salarié, employé, ouvrier ou manœuvre,
le même système est fatalement en usage. Cette
classe, la plus intéressante, subit dans son écono-
mie domestique le contre-coup des habitudes de la
classe dirigeante. Elle consent à l'employeur un
crédit sur son salaire — semaine, quinzaine ou
mois — qu'il lui faut retrouver dans son entourage
de fournisseurs. En outre, la maladie, le chômage,
la procréation avec ses lourdes charges, contri-
buent à l'obliger d'emprunter ou à consommer des
marchandises payables à terme. Les maisons de
vente à crédit genre Dufayel, le Mont-de-Piété,

l'épicier, le marchand de vin restaurateur qui marque à l'ardoise... et à la fourchette quelquefois, le propriétaire, etc., sont autant de banquiers (prêteurs d'argent, de marchandises ou d'abri) honnis vilipendés dans les jours heureux, forcément implorés lors des périodes pénibles du calvaire prolétarien.

Si Dreïmmund, au lieu d'en faire un instrument de chantage et d'exploitation, avait voulu expliquer son antisémitisme, il aurait été obligé de conclure en reconnaissant à l'ouvrier, seul, le droit de subsister. Car le crédit étant dans son esprit d'essence judaïque, il conviendrait de supprimer l'intermédiaire sous quelque forme qu'il se présente : le patron faisant produire et le commerçant qui achète l'objet manufacturé pour le revendre, tous ceux qui les assistent dans ces opérations, enfin, le banquier dont l'intervention favorise l'existence de ces facteurs économiques. Il y a bien une doctrine qui préconise cette théorie du producteur-consommateur, elle s'appelle le communisme ; mais, Dreïmmund prétend que, contraire à l'Evangile, elle a été inventée par les juifs pour troubler la morale et l'ordre de notre société capitaliste et chrétienne. Alors ?...

La logique, fort heureusement pour elle, n'a jamais cohabité avec le sordide polémiste. Il se contente de reprocher aux juifs leur nez crochu, leurs mains en râteau, le crédit, base des transactions modernes, le développement intensif du commerce et de l'industrie sous l'aile protectrice mais brutale de la Banque. A ce compte, les mastroquets, fidèles lecteurs de la *Libre Parole*, qui rognent la paie de l'ouvrier, l'excitent à la débauche et à la consommation de boissons frelatées, seraient les plus ignobles juifs !

Le financier est-il fatalement Juif ? On peut consulter le Bottin qui n'est pas encore soumis à la censure de Dreïmmund. On y verra figurer beaucoup de banquiers, bons chrétiens, cités à leur pa-

roisse pour des exemples de piété, voire de fanatisme. Il y a même un escroc J.-B. Gérin, conseil
éclairé du service financier de Dreïmmund, qui
réalise un gros chiffre d'affaires en faisant de la
« finance antijuive » lorsque le Parquet lui accorde
quelques loisirs. (Voir la collection de l'*Intransigeant* pour être édifié.) A la Bourse, ce repaire des
spéculateurs, un indiscret coup d'œil sur les carnets
des agents de change et des coulissiers permettrait
de relever les noms que l'on retrouve sur les listes
rouges de la *Libre Parole* et une formidable majorité de curés, bourgeois bien pensants, aristocrates
gypéteux, belles madames du monde antisémite.

S'il fallait un récent exemple, nous citerions
M. Paulmier, député nationaliste-antisémite qui se
livra à des manœuvres financières dignes d'être re-
latées par Dreïmmund. Il emprunta à une dame
Pons-Marty, une somme de cinq mille francs, puis
lui fit déposer 17.000 francs de couverture chez
un remisier, pour une combinaison excellente à son
gré. Il s'agissait de jouer à la hausse sur des *valeurs
turques et le Mozambique.* Oh ! ces nationalistes !
L'argent ne tarda pas à être absorbé. De temps à
autre, il remboursa à sa victime une pièce de cent
sous et il fallut qu'elle vînt lui jeter des œufs pour-
ris à la tête, en pleine Chambre, pour obtenir quelque publicité. A sa place, nous nous méfierions. S'il
s'agissait d'un escroc juif, toute une presse s'em-
parerait de sa cause, mais un défenseur de l'autel !...
c'est sacré. De plus, la madame du monsieur n'est
pas commode et son revolver fumant pourrait encore faire une victime !...

En réalité, quelques gros banquiers Juifs possèdent des fortunes scandaleuses et servent à assurer
l'opulence des fiers-à-bras du Gésu qui les dénoncent à la vindicte publique. Comme ils sont astreints
à certaines libéralités vis-à-vis de la Synagogue, ils
se font tirer l'oreille pour « casquer » à la Caisse
noire. Mais, en tirant bien fort, les antisémites arri-
vent à soutirer la bonne monnaie objet de leurs con-

voitises. L'histoire du chantage, exercé par Dreïmmund contre Cornélius Herz, donne à l'antisémitisme sa véritable consécration de brigandage papiste.

Les Juifs riches sont ou feignent d'être aussi cléricaux que les jésuites. Leur amour de la parade, l'ivresse de la jouissance pécuniaire, l'effroi du lendemain, les incite aux pires palinodies, aux plus méprisables excentricités. Leurs filles sont réservées avec de grosses dots aux effrontés marlous de l'aristocratie. Que Sarah s'appelle la comtesse de Perlimpinpin, lève avec les écus de papa Salomon les lourdes hypothèques grevant le château des Brigands-Verts, où l'on pendit, haut et court, cent-cinquante serfs révoltés, il y a deux cents ans, cela suffit pour que la folie agite ses grelots dans l'hébraïque famille. Du grand-père Abraham aux petiots, tout le monde tressaille d'allégresse. Il faut donner des vitraux à l'église, réparer la chapelle du manoir, faire des dons aux dignes sœurs de charité et aux congrégations environnantes. Le dos tourné, après les bonnes œuvres, on les appelle « sales Juifs », car les bigots acceptent avec servilité mais sans reconnaissance ; le noble recalé devient arrogant, insulte ses beaux-parents et présente sa candidature de député antijuif. Qu'importe ! Sarah peut pleurer ses illusions perdues et les frasques de son mari lutinant les petites Bob nationalistes, elle se consolera en s'entendant appeler « comtesse » par les grandes dames qui taperont son père « d'un tuyau » pour la Bourse. Le curé la complimentera à grands coups d'encensoir et la famille de Salomon sera contente. Avouez qu'elle n'est pas difficile.

Cela peut surprendre à *priori*, mais les exemples abondent. A ce point de vue, le cas d'un Rothschild refusant, non l'hospitalité, mais la location d'un appartement à son coreligionnaire Dreyfus, de crainte que la *Libre Parole* force à nouveau son coffre-fort, n'est-il pas typique ?

En outre, les Juifs enrichis subventionnent les églises, les congrégations, les journaux antisémites et toute la fripouille sacristaine, dans l'espoir d'un événement rêvé depuis de longues années : l'avénement d'un gouvernement fort qui imposera silence aux revendications sociales et reprendra la tradition rompue des querelles internationales et des sauvages entreprises de conquêtes.

Le Juif ploutocrate est amoral comme Dreïmmund. Il semble aux naïfs que le Juif millionnaire, menacé dans son argent et dans sa vie par les agents provocateur du Gésu, pourrait apporter son concours financier, — pas celui de sa personne, car il est vil, lâche et rampant — à ceux qui luttent, moins pour le défendre que pour empêcher l'assassinat prémédité des prolétaires israélites, avec le retour au bon vieux temps : Saint-Barthélemy, croisades, dragonnades et Inquisition aux angoissantes tortures. Erreur ! les intérêts du Juif financier sont incontestablement liés à ceux du jésuite. Fruits vénéneux d'une société anormale, ces deux frères ennemis ne peuvent songer à s'exterminer. Le Juif agioteur ne fait de bonnes affaires que sous un régime autocratique, donc religieux. La république des jésuites du Paraguay ou l'empire des tzars indiffèrent à son entendement. Il lui faut, comme au jésuite, le silence pesant à l'intérieur et l'agitation diplomatique à l'extérieur, pour piller la petite épargne du candide citoyen et prêter de l'argent à l'État, endetté par ses opérations militaires et la réfection de l'outillage guerrier. Le gros Juif supporte volontiers le régime républicain, mais il le lui faut conservateur, genre Méline, pour assurer le succès des émissions lucratives. Il peut alors affecter quelque orgueil, pratiquer ostensiblement sa religion, sans négliger les intérêts de celle qui jugule, par la superstition, les revendications populaires. Il peut même se mêler aux affaires publiques. C'est sur ce dernier point que le jésuite irascible lui livre bataille, en prétendant monopoliser

la direction gouvernementale. Or, ce combat du
Jésuite et du Juif ploutocrate provoque les pires
catastrophes.

Tandis que le Juif opulent, tapi derrière les gui-
chets de sa banque fait tintinabuller son or, réser-
vant la part du *frater* Dreïmmund, sous la protection des gendarmes, ses malheureux coreligionnaires, petits boutiquiers, employés, ouvriers, marchands
de pastilles, de lunettes ou de casquettes, essuient
les crachats des ivrognes de l'*Intransigeant*, sont
meurtris de blessures par les bandits de la Caverne,
aux applaudissements des Juifs puants du *Gaulois*
et d'ailleurs.

C'est ainsi que s'affirme la supériorité de l'action
militante du cléricalisme sur celle de l'anticléricalisme.

Les libres-penseurs montrent du doigt les plaies
du bigotisme, dénoncent les manœuvres de la gent,
font appel à la raison, à la logique, veulent la lumière et combattent l'obscurantisme. Dans leur
altruisme conscient, ils réservent leurs coups au
pape, aux évêques, aux curés, aux flamidiens et
aux moines. Nul d'entre eux, n'eut jamais l'idée
d'insulter, encore moins de frapper, une vieille dé-
vote ou un pauvre bougre en mal de superstition.
C'est aux débitants du Mensonge, aux empoisonneurs d'intellects, au saint Abrutissoir, que nous
faisons la guerre. Nous combattons les bourreaux
et plaignons les victimes.

Aussi nos œuvres anticléricales ont-elles grande
peine à vivre. Le Juif ploutocrate qui professe cette
maxime inepte de l'utilité d'une religion pour le
peuple, engourdi dans son égoïsme et sa peur, pré-
fère aider de ses subsides les agents cléricaux qui,
la besace garnie, font assommer, sous prétexte d'antisémitisme, les prolétaires israélites réduits à défendre leur droit d'exister, une pure folie, s'il faut
en croire Dreïmmund.

On sait qu'il faut beaucoup d'argent pour sou-
tenir une propagande. Ceux qui ont essayé de pré-

parer, en France, des mouvements généreux, l'ont expérimenté à leurs dépens. Or, voyez où va l'argent ! Les journaux démocratiques luttent contre le spectre de la faillite, car les bourses sont fermées aux entreprises républicaines. En revanche, les publications réactionnaires sont prospères. Alors que par millions les brochures empoisonnées de la gent colportent la peste dans nos villes et nos campagnes, les écrits anticléricaux sont étouffés sous le silence des adversaires et l'indifférence des amis.

Ce qui précède démontre donc que si les antisémites combattent le juif pour lui arracher des écus, faire bombance à ses frais et complaire au Gésu, l'anticlérical n'a d'autre raison d'intervenir dans la lutte que sa conviction. Celle-ci lui suggère d'éviter le retour des guerres religieuses.

Au point de vue religion, il est certain que si le juif osait se permettre le centième de la propagation superstitieuse des jésuites, il serait bafoué dans les rues. S'il se livre à des mômeries enfantines dans sa synagogue, si ses rabbins sont déguisés aussi ridiculement que les pieds-bénits catholiques, on conviendra que ceux-là ne firent jamais entendre, dans leurs boîtes-à-déïté, ces paroles furibondes, habituelles aux curés, contre le progrès ou la république. Les rabbins n'embauchèrent jamais de pauvres détraqués pour les mystiques incantations, les autosuggestions vésaniques et les apparitions miraculeuses. En fait, leur propagande religieuse est nulle et sans prétention d'empiétement.

En est-il de même des marchands du Sacré-Viscère ? Ces hostiaques possèdent des maisons closes, des couvents, des églises, des missions et des journaux. Ils ont reconstitué la mainmorte. Toute la richesse accumulée par la Bête immonde représente, au total, plus de cinquante milliards ravis à la circulation normale de l'argent. Cinq cent mille gueules infernales, curés, moines, flamidiens et nonnes, vomissent chaque jour sur notre cher pays, le mensonge religieux ; la calomnie de tout ce qui est respectable ; le goût sanguinaire ; la haine du beau, de la générosité, du penseur et du philosophe ; l'adoration de tout ce qui est vil, infâme et répugnant; le prêche de l'humilité aux pauvres, du mépris aux riches, pour la plus grande gloire de Dieu.

« Mais, demandera-t-on, où le jésuite peut-il trouver tout cet or qu'il accumule sans cesse ? » Dans nos poches d'abord, car outre le budget des cultes nous lui versons indirectement des contributions sérieuses. Il ne peut compter exclusivement sur le juif riche qui alimente déjà la Caisse Noire de la propagande électorale, les maîtres-chanteurs de l'antisémitisme, les assommeurs et les marloupins aristocrates. Cela suffit à sa charge. Le juif marche, c'est certain, comme le veut la légende gaspardienne ainsi que l'a rappelé ironiquement Jean Richepin, en un temps où la fatigue d'ouïr le pied-plat Ponchion n'avait pas affecté ses blasphémantes méninges :

Jésus, la « bonté même »
Lui dit en soupirant,
Tu marcheras toi-même
Pendant plus de mille ans ;
Le dernier jugement
Finira ton tourment.

Toutefois, le juif ne pourrait suffire à l'entretien de l'Eglise et de toute la crapule qui gravite autour de la table à Gaspard. Si les juifs étaient, comme l'affirme Dreïmmund, les seuls détenteurs de la fortune publique, la volaille eucharistique crèverait d'inanition. Heureusement, pour la gaver, il y a les pauvres congrégations qui possèdent plus de quinze milliards, les gros propriétaires de biens fonciers (en grande partie aristocrates et bourgeois parvenus) un nombre considérable d'usiniers, négociants, fonctionnaires civils et militaires, enfin une légion d'affranchis issus du hiérarchisme industriel et commercial, protégés de la calotte et lui devant leur situation, tous gens vivant bien, de revenus larges et dont la fortune globale représente les quatre cinquièmes de la richesse nationale.

C'est dans l'opulence de cette cohue, ennemie de tout progrès social, que le Gésu jette son épervier et pêche l'argent avec lequel il construit des basiliques et empoisonne la cérébralité du Français.

Qu'est-ce que le juif ploutocrate et son pouvoir financier en face de cette coalition d'intérêts inavoués, dissimulée par le linceul perlé d'argent des congrégations, aux armes du Sacré Viscère ? Le juif apparaît tout petit, tel un gnôme, auprès du gigantesque mastodonte romain qui l'écrase de ses richesses et de dix-neuf siècles de domination incontestée.

Cependant la Bête immonde est insatisfaite, car il reste en cette Europe, abâtardie par le théisme, un peuple où le libre-examen contrebalance son influence néfaste. C'est la France de la Révolution qui désobéit à toutes les suggestions des ploutocrates noirs ou jaunes, indomptable et rebelle à toutes les simagrées. Le Gésu foule son sol, s'y implante, mais soudain la tempête populaire balaie ce dégoûtant parasite et le réexpédie à Rome.

Aujourd'hui, le Gésu fait mouvoir sa nouvelle catapulte, l'antisémitisme. Dreïmmund conduit à l'assaut de la République une cohorte d'affamés; la guerre de religion a rallumé ses torches, en attendant les bûchers de St-Dominique.

IV

Antisémitisme et Anticléricalisme

Pendant plusieurs années l'Antisémitisme a pu
sévir sans opposition sérieuse. Il se propageait
comme une gale et nul ne cherchait la liqueur de
Fowler, la pommade au chlorure susceptible de
faire disparaître ce nouvel acare. Les républicains
harassés des dernières luttes goûtaient quelque re-
pos après le rude assaut du boulangisme ; les voleurs
bien pensants, de Lesseps, Eiffel, Letellier et Cᵗ
venaient de saccager les bas de laine de la petite
épargne avec le Panama ; le haut négoce, adversaire
de toute réforme économique, menaçait de se ral-
lier au conservastisme monarchique, tandis que le
socialisme ardent énonçait, hautain, les justes revendications du prolétariat. C'est à la faveur de
l'ombre, du vol et du crime, des divisions et des
trahisons, que se développa l'abcès honteux de l'antisémitisme.

Peu à peu, à la grande surprise des politiciens
madrés qui s'esclaffaient d'ouïr les vagissements du
monstre, se forma autour de Dreïmmund un mons-
treux aggloméret de filous, assassins, violeurs d'enfants, brutes soldatesques, confesseurs, paillasses
aristocrates, fillasses de corps de garde, frelateurs,
alcoolisateurs, souteneurs des grands bars et des
fortifs, cancres et pédants de l'Université, de l'Etat-
Major, fonctionnaires inutiles mais budgétivores,

plumitifs ratés, nullités de l'ébauchoir et du pin-
ceau. La boue infâme des villes, la lie ignoble des
ambition déçues, le *jaunisme* naissant rallièrent
le fanion sacristain de Dreïmmund pour étrangler
la Gueuse. Ah ! la belle légion que Basile dirigeait
contre la pensée moderne !

Fallait-il résister ou se laisser étouffer par cette
masse compacte de gredins rués à la curée ? Comme
toujours, aux tournants dangereux de notre histoire démocratique, ce fut l'Anticléricalisme qui
secoua les consciences endormies, releva les coura-
ges qui avaient perdu l'habitude d'agir. Aux cris
de mort du Bigotisme et de l'Esclavagisme,
l'homme libre répliqua : « A bas la calotte ! » Cela
faisait si peu l'affaire des Apaches césariens, que le
libéralisme, ce chancre qui ronge l'activité républicaine, empêche toute évolution et s'est constitué
le dernier défenseur du cléricalisme, crut devoir intervenir et mêler ses lamentations aux clameurs
féroces de la clique.

M. Anatole Leroy-Beaulieu a résumé, au nom de
l'école libérale, les jérémiades et les critiques de ces
singuliers républicains. Dans un article de la *Revue
des Revues*, il a classé l'Anticléricalisme au nombre
des « péril de l'heure présente ». Il faut cependant
concéder à sa perspicacité qu'il a bien voulu reconnaître que l'Antisémitisme en était un autre. S'il
avait voulu réfléchir un instant, il aurait compris
que les cadres de l'armée conservatrice ont été rom-
pus et que ses soldats, sans distinction d'opinion,
ayant fait cause commune sous la bannière antisémite, ce péril appelle des moyens de défense éner-
gique pour opposer à ce renouveau de superstition,
un renouveau de libre-examen. Mais un libéral
est-il susceptible de comprendre ?

Le libéralisme, cette fois, en sera pour ses tartu-
feries. N'allez pas objecter que l'opinion de
M. A. Leroy-Beaulieu n'est pas autorisée. Une note
au bas de sa philippique l'indique comme l'un des
chefs libéraux. Nous eussions supposé que ce parti

qui va de l'ineffable Piou au tortueux Ribot pouvait prétendre à une autre maîtrise que celle de M. Anatole. Puisqu'il est l'Alexandre de cette légion, où les chevronnés de la trahison républicaine abondent, soit, discutons avec lui.

Quoi qu'il en pense, l'anticléricalisme n'est pas un « cléricalisme retourné ». Il faut l'avoir étudié dans les livres de M. de Ségur pour employer à son égard, cette expression hypocrite qui, en discussion, fait penser au jeu de l'autruche. L'anticléricalisme est, avant tout antireligieux, car ses adeptes savent que les dirigeants de l'église sont d'effrontés imposteurs, dénués de foi et non mystiques, s'efforçant d'imprégner les mentalités livrées à leur merci de superstitions ridicules et dangereuses. Ce procédé habile assure, à leur domination, le cerveau qui commande au geste, les jours d'entreprises liberticides.

M. A. Leroy-Beaulieu déplore que l'Anticléricalisme soit devenu « le lien de concentration républicaine ». Nous ne pouvons mêler nos larmes à son chagrin. L'anticléricalisme est, en effet, le foyer réconfortant où viennent se réchauffer les intelligences qui ont pu échapper à l'emprise de la Gent. Il unit, en une parfaite cohésion, les démocrates clairvoyants, pénétrés du danger qui menace nos institutions et qui suivent, attentivement, les soubresauts d'une perfide caste, toujours aux aguets de l'heure propice aux surprises.

Nous n'eussions pas accordé grande importance aux raisonnements de M. A. Leroy-Beaulieu, s'ils ne présentaient à merveille les sophismes des faux-bonshommes. On est surpris de découvrir les nombreux points de contact du libéralisme et de l'antisémitisme. Ces deux doctrines devaient fusionner. C'est toujours au nom de la liberté, de la conciliation et du pardon que les jésuites commettent leurs crimes. Tandis que Dreïmmund excite le fanatisme des conjurés, le libéral endort la vigilance des assaillis.

4

La critique de M. A. Leroy-Beaulieu retarde
lorsqu'il affirme sans rougir que les anticléricaux
« communient (sic) dans la haine de la soutane et
dans l'effroi de la cornette des sœurs ». Radotages !
Nous voulons supprimer la soutane parce qu'elle est
immorale, inesthétique et privilégiée, qu'elle impose en tout temps un respect dû aux chienlits
seulement en carnaval, enfin, parce qu'elle sert à
marquer *tabous* de vulgaires charlatans. Quant aux
cornettes des sœurs, elles ne nous inspirent aucun
effroi. Elles nous dégoûtent parce qu'elles sont les
messagères du Mensonge, de la Mendicité orga-
nisée et de l'Exploitation honteuse des vieillards et
des orphelins. Les femmes qui s'exorbitent de la
société pour s'affubler de cette coiffure sont en
général d'atroces mégères; insexuées par ordre,
leurs sens contrariés s'imbibent de scélératesse
aussi naturellement que l'alcool développe les goûts
sanguinaires du nationaliste. Leur rapacité est sordide et leurs façons ignominieuses. Elles sont les
tristes femelles d'une humanité dégénérée par
l'onanisme, le succubat et le célibat. Ceux ou celles
qui ont eu le malheur de fréquenter leurs écoles,
ouvroirs et couvents, ont pu les voir faire la révé-
rence aux belles madames, obséquieuses et serviles,
choyer les enfants d'icelles; alors qu'elles se mon-
traient arrogantes, sèches et hautaines avec les parents pauvres dont elles humiliaient et fouettaient
les enfants, dans leurs accès de passionnelle hysté-
rie. Rampantes, à genoux devant l'Argent, ces drô-
lesses torturent et avilissent la misère — cette
sainte misère qui les enrichit en servant d'appât à
la charité infamante des riches.

Dans leur hâte de livrer les clefs de la forteresse
républicaine à la Bête immonde, les libéraux abu-
sent du mensonge. S'ils continuent, Dreïmmünd
n'aura plus besoin d'innover. Il lui suffira de copier
ces vieux routiers qui paraissent avoir sucé le lait
de ses maîtres. M. A. Leroy-Beaulieu déclare que
« l'anticléricalisme ne procède guère autrement

que l'antisémitisme, ils ne sont que la contre-partie
et le pendant l'un de l'autre ».

Comme « pendants de cheminée » ils seraient
n'est-il pas vrai, d'un contraste frappant.

Tous les concours de la réaction sont acquis à
l'Antisémitisme qui veut réveiller les guerres de
races et de religions, noyer l'hérésie dans le sang,
et nous ramener au temps des luttes barbares et
de l'esclavage. De toutes parts, il reçoit des encou-
ragements et des subsides. Ses listes rouges, étalées
cyniquement dans les *Croix*, la *Libre Parole* et
l'*Intransigeant*, contiennent l'adhésion, l'affirma-
tion solidaire d'une grande majorité de fonctionnaires, magistrats et officiers. Pendant trente ans,
la République a gorgé d'honneurs et d'argent tous
ces lascars; voyez-les se dresser, l'écume césarienne
aux lèvres, prêts à l'étrangler. Joli pendant à l'Anticléricalisme qui s'efforce de barrer la route à cette
poussée congestive de réaction ! Il lui faut lutter
non seulement, contre les brigands de la Caverne
antisémite, mais encore contre ces soi-disant libéraux qui, masqués de tolérance, sont en réalité les
honteux complices du césarisme.

On peut affirmer que l'Antisémitisme bruyant,
émeutier, réacteur et coup d'étatiste, a lassé la pa-
tience de l'Anticlérical. Celui-ci s'imaginait que le
Progrès suivait sa route, trop lentement à son gré,
mais il envisageait l'avenir avec confiance. Les ré-
voltes des Gouthe-Soulard, les menaces des Didon,
des Bailly, des Olivier, des Coubé, ne pouvaient
altérer sa bonne humeur. Soudain, la trahison jail-
lit des hautes sphères et la bande antisémite vint
heurter violemment son huis, proférant le sinistre
et monastique *remember :* « Il faut mourir ! » Impossible de vaquer à ses affaires, de se promener
dans Paris, sans redouter qu'un misérable ensou-
tané, sortant furtivement le casse-tête dissimulé
sous sa robe, ne vous assomme. L'émeute noire
grondait. L'anticlérical s'est fâché, il a pris sa tri-
que pour chasser, hors la ville, la meute puante des

bougres noirs. Comme il achevait son œuvre, il a
vu surgir le libéral qui sanglotait en implorant la
grâce de Tartufe.

Il y aurait beaucoup à dire sur le rôle du cléricalisme dans nos relations extérieures et la posture
agenouillée que son influence impose à la République. On connaît les actes honteux des missions
pour la *Propaganda fide*. Au sujet de la Chine un
ministre anglais, non papiste, lord Salisbury, a
défini l'attitude provocatrice des missions protestantes anglaises. Comme nos missions catholiques
en sont les concurrentes passionnées, on imagine
volontiers qu'elles n'ont eu garde de se laisser surpasser dans le viol, l'empoisonnement, l'abrutissement des indigènes et la préparation des complots,
occupations habituelles de la Gent.

Il faut une dose peu commune de duplicité, au
lendemain des affaires de Chine, pour oser invoquer nos intérêts nationaux, en parlant de ces moines qui se comportèrent, en Extrême-Orient,
comme des voleurs de grands chemins. Le libéralisme qui les défend confine à la chouannerie.

« L'anticléricalisme, énonce M. A. Leroy-Beaulieu, honte des esprits vraiment libres était en
baisse il y a quelques années ; il paraissait vieilli,
démodé, suranné ». Hélas ! oui, il devint de mauvais goût, il était en baisse ; en revanche le cléricalisme, en hausse, inventa l'antisémitisme et propagea la dévotion du Sacré-Cœur et de saint-
Antoine de Padoue. Voilà les résultats du sommeil
de l'Anticléricalisme. Quand celui-ci aura repris la
place — la première — que lui assigne la politique
républicaine, on ne verra plus un curé, trois jours
après le mariage civil, appeler « Mademoiselle »
la femme du président de la Chambre et celui-ci
ridiculiser son pays et la Constitution, en s'abaissant platement devant un guignol sacristain ; on
ne verra plus l'Elysée, assiégé, accaparé par la fripouille monastique et deux paroisses disputer sa
lucrative clientèle.

Les libéraux veulent « travailler à la pacification religieuse ». Ils pourraient, avec autant d'à-propos réclamer le retour des diligences.

Deux partis sont en présence, hors de toute classification arbitraire. L'un, l'Antisémitisme, veut nous ramener au Moyen âge. L'autre, l'Anticléricalisme, veut empêcher cette monstrueuse tentative. Ne redoutant ni libre-examen, ni pensée libre, ouvert à toutes les expérimentations susceptibles d'accélérer le progrès, il se dresse en face du prêtre, ce fossile instrument de réaction, en lui signifiant la fin de son odieux règne.

Entre ces deux partis, pas de réconciliation possible. Quant au libéralisme trompeur, vieux poids lourd, qui veut maintenir en équilibre une soupape oscillant sur le clapet, il lui faudra choisir. Et d'ailleurs, n'a-t-il pas fait son choix ? Que de libéraux vivraient heureux sous le régime de l'Eteignoir ! Pourvu qu'on leur réservât des bureaucraties bien rétribuées, de grandes affaires et des krachs pour les écumeurs financiers de la presse conservatrice, les libéraux seraient de bons laquais pour MM. les curés.

Les crises philosophiques en France sont de prodromes d'évolution ou de réaction. Et c'est là que gît la responsabilité des républicains qui, pendant trente-deux ans de régime, absorbés par les compétitions personnelles, n'ont pas su prévoir où nous mèneraient une réforme incomplète de l'enseignement et le maintien de rapports économiques, contraires à leurs principes. Si vous ajoutez à ces fautes une tolérance inexplicable de l'infusion jésuite, vous ne serez pas surpris de voir, dans le pays de Diderot et de Voltaire, cette masse alcoolique, égoïste, brutale, ivre de panache et d'absinthe, avide de spectacles et d'orgies, suivre, en chantant, la mascarade des histrions sacristains.

L'ultime bataille se livrera entre antisémites et anticléricaux. Bonapartistes, royalistes, pseudo-républicains libéraux ou progressistes de l'Esprit

nouveau, radicaux transfuges, démagogues ou in-
transigeants confessionnels, tous, depuis la *Gazette
de France* jusqu'à *l'Intransigeant*, marchent unis
à l'assaut de la République, sous la férule de
Dreïmmund, grand électeur du Conservatisme.

Dreïmmund a le rare bonheur de réconcilier les
intrigants et les chacals. Il est à la fois le dieu spi-
rituel et le pape temporel de la clique césarienne. Sa
maëstria de maître-chanteur le désigne aux suffra-
ges des coquins dont il incarne, à merveille, toutes
les tares dégoûtantes. En somme ce qui lie au sort
de la religion tous les noceurs, les oisifs et les fils-à-
papa, c'est l'appréhension d'une époque où le peuple affranchi de ses exploiteurs, conscient de ses
droits et de ses devoirs, reléguerait aux vieilles lu-
nes germinystes les magiciens de l'Autel, les brutes
prétoriennes et les saltimbanques de la Plume.

Toute réforme populaire effraie ces bondieusards.
Au sujet de la loi anodine sur les retraites ou-
vrières, Maître Dreïmmund a montré le bout de
l'oreille :

« *Le projet, écrit-il, a une portée considérable au
point de vue de la politique extérieure, comme au
point de vue de la politique intérieure. Il fait de
millions de français les prisonniers d'une hypothèse
qui ne se réalisera probablement jamais.*

« *Il intéresse un million de français au maintien de ce qui est ; il leur inspire la crainte de toute
révolution — déroulédiste ? — de tout changement,
de tout réveil de la dignité nationale qui pourrait
empêcher le fonctionnement de la fameuse caisse.
Il donne à tous ces français des âmes d'employés —
quel style de parvenu ! — ayant versé depuis quelques années pour la retraite et résignés à tout pour
ne pas être déchus de leur droit à une pension.* »

Tout le système antisémite est résumé, dans ces
quelques lignes, par le patron. Pas de réformes,
pas de collectivités d'intérêts pouvant empêcher les

tueries. La guerre et le pape pour tous ! Chacun pour soi !

En face de cette formidable coalition, le parti républicain, avec ses dissensions et ses maigres ressources, miné par la trahison, semble désemparé, tel un frêle esquif sur une mer démontée. Très divisé sur les questions urgentes de salubrité politique, on se demande, avec anxiété, s'il pourra résister à ce flot écumant de haines ambitieuses et féroces.

Nous n'ignorons pas que de fougueux *rrrévolutionnaires* en chambre, blanchis sous le harnois, mais dont les coups de main n'ont jamais consisté qu'en l'occupation héroïque d'un fauteuil et de pantoufles confortables auprès d'un feu pétillant, nous promettent que la « Belle », celle de Jean Guêtré, de Jacques Bonhomme et de Jean Misère, sortira de la chute du régime républicain. Ces boniments, dans la bouche de rentiers, collaborateurs du millionnaire Edwards, n'ont pas l'heur de nous convaincre, et notre scepticisme, à cet égard, s'accroît en remarquant la neutralité bienveillante et les compliments louangeurs dont ils sont l'objet dans les journaux césariens.

Républicains avant tout, il nous suffit pour fixer notre propagande, de donner notre estime à ceux que la réaction attaque, car il faut qu'ils constituent une force de résistance pour que le Gésu s'efforce de les déconsidérer.

Un seul terrain est solide pour l'union démocratique. C'est l'Anticléricalisme avec son programme d'offensive : suppression des Congrégations et du budget des cultes, fermeture des écoles congréganistes, interdiction de tout enseignement déiste, obligation pour les instituteurs, professeurs, fonctionnaires civils et militaires, de mettre leurs actes en conformité avec l'esprit laïque des institutions républicaines.

De même que toute la crapule conservatrice va à l'Antisémitisme, instrument de domination cléri-

44

cale, les honnêtes gens, les citoyens qui vibrent à l'évocation des temps héroïques où nos pères jetaient la tête d'un roi en défi à la Sainte Alliance, tous ceux qui veulent plus de justice, d'égalité et de fraternité doivent venir à l'Anticléricalisme.

Peut-être dira-t-on que c'est un moyen de combat, utile mais transitoire, ne présentant aucune réalisation d'émancipation politique et sociale. Cette assertion, due au néfaste taxilisme, est absolument controuvée. L'Anticléricalisme est une doctrine intégrale dont le rôle sociologique est considérable. Il constitue, non seulement le trait d'union des diverses fractions démocratiques, mais il les résume en leur pure essence. L'émancipation du dogme, c'est la porte ouverte à la solution de la question sociale. Libérer le cerveau, arracher du cœur de l'ouvrier, de l'employé, de tous les citoyens, les croyances superstitieuses et les préjugés ; dépouiller l'esprit de tous les ferments malsains, des craintes puériles et des légendes cruelles de la religion ; substituer à la morale malfaisante et dégradante de l'Eglise qui sanctifie l'égoïsme et la servilité, la morale laïque qui enseigne l'altruisme bienfaisant et fraternel, n'est-ce pas transformer un peuple esclave en une nation libre ?

Quand le salarié aura affranchi sa pensée, que sa cérébralité se différenciera de celle du bedeau-sacristain et sa morale de celle du houzard, la révolution économique s'accomplira. Jusque-là, il restera le serf, dupe désignée aux entreprises des malandrins du Gésu.

V

Du Sacré-Cœur à la Raison

Il est particulièrement instructif de constater la persévérance de termites avec laquelle les cléricaux minent les assises de la République. Après la désastreuse guerre de 1870-1871 où les généraux d'Empire, incapables et traîtres, firent la démonstration la plus claire des dangers courus par un peuple enchaîné ; après l'assassinat monstrueux du peuple de Paris par les Déroulède, les de Mun, les Cazenove de Pradines, les de Pène et toute la séquelle calotine, le Gésu mit à profit la prostration de la plèbe, saignée à blanc, pour reconstituer les « saintes œuvres » et, en nargue de la misère du peuple, affirmer la richesse insolente de la bourgeoisie cléricale.

Pour acquitter la rançon allemande, on taxa le tabac et les allumettes. L'impôt prit cette forme impersonnelle où la fortune ne paie rien et fait peser sur le salariat le lourd fardeau des dettes publiques. Ce système permit de constituer aux entreprises cléricales ces trésors fantastiques qui déconcertent l'observateur.

En 1872-1873, la cléricaille, majorité au Parlement, recommença son œuvre d'absorption de la société laïque. Elle opposa au libre-examen ce que M. Paul Bourget, dans sa néophyte ardeur, appelle les « éternelles vérités sociales ». On vit se tramer les louches combinaisons qui, en 1848, déjà avaient abouti à l'élection présidentielle d'un

48

Bonaparte. On votait des prières publiques — merci
ô mon Dieu ! de m'avoir fait écrabouiller ! — l'ar-
chevêque de Paris obtenait le vote d'une loi d'au-
torisation et d'expropriation en faveur de la Basi-
lique Viscérale. Dans sa lettre, le rouge pied-bénit
annonçait que la souscription, pour ce monument
de honte, s'élevait à *un million de francs*. Le peuple parisien avait mangé des rats pendant le siège,
mais la Calotte manipulait des millions et les
troncs des églises étaient pléthoriques.

Le Gésu triomphait en persécutant les citoyens
libres. L'immonde négrier P. de Cassagnac faisait
voter des poursuites contre Ranc, qu'il se flattait
d'envoyer au poteau de Satory. Aujourd'hui,
Dreïmmund se contente de l'appeler « vieux caï-
man ». On fait ce que l'on peut. Un préfet faisait
procéder de nuit aux enterrements civils et la ter-
reur noire régnait dans toute son abjection. Le
mouchardage des prêtres, les délations du confes-
sionnal, le pouvoir occulte de la Bande avaient
transformé la France en une vaste jésuitière.

Jules Lermina, notre éminent confrère du *Ra-
dical*, dans son magnifique ouvrage, *Marie Alacoque et le Sacré-Cœur*, a brossé talentueusement
le tableau de l'esprit laïque ballotté et finalement
écrasé par l'ouragan sacristain. Elle mérite d'être
constamment rappelée cette scène émouvante où
Tolain, bravement, défendit la raison contre les
obscurantistes ; les Buffet, les Belcastel et les Cazenove de Pradines. Ce dernier proposa au Parlement un article additionnel : « L'Assemblée, s'as-
sociant à l'élan national de patriotisme et de foi
dont l'Eglise de Montmartre sera l'expression, se
fera représenter à la cérémonie de la pose de la
première pierre par une délégation de son bu-
reau. »

Pauvre République ! Elle faisait son entrée
dans le monde sur les genoux de l'Eglise et sous
la protection du Sacré-Cœur.

C'est dans le passé que nous devons rechercher

la réelle opinion de l'Eglise, ses intentions et son système. C'est à l'époque du triomphe de ses entreprises, qu'il faut remonter pour connaître la sincère expression de ses tendances. Lorsqu'elle est combattue, ses défenseurs dissimulent son effrayant programme, comme le pharmacien recouvre d'une gélatineuse enveloppe l'amer médicament.

Or, le député Belcastel, cet ardent protagoniste du Culte Viscéral, écrivait dans une lettre à l'*Univers :*

« S'il faut dire toute ma pensée, la *grande tentation qui assiège l'humanité*, qui travaille à séparer la société civile de la société religieuse et se nomme la Révolution, n'est pas simplement une menace de barbarie sociale, comme l'invasion des Vandales, *c'est un crime d'ordre surnaturel ;* parce que c'est la révolte directe de l'homme-humanité contre Dieu créateur et révélateur. Si le crime était consommé, il pourrait bien devenir le dernier terme du péché originel et s'appeler le péché final. »

Ces accents de sincérité ont au moins le mérite de stopper la discussion des raisonneurs. Ils prouvent que l'éducation religieuse a toujours produit les mêmes monstres et qu'elle doit disparaître d'une société rationnelle. Le Syllabus et les Droits de l'homme ne peuvent coexister. L'homme doit supprimer l'Eglise ou consentir à son asservissement.

« L'Eglise, dit une encyclique de 1864, condamne et réprouve quiconque lui dénie le pouvoir de réprimer, par des peines temporelles, la violation des lois. »

Un certain Nuytz, auteur d'un ouvrage intitulé : *Juris ecclesiastici constitutiones,* fut excommunié « parce que, dit l'acte de condamnation, il tend à détruire la constitution et le gouvernement de l'Eglise et à *miner entièrement* la foi catholique, puisqu'il *prive l'Eglise* de sa juridiction extérieure et du *pouvoir exécutif qui lui a été donné pour ramener dans la voie de la justice* ceux qui s'en écartent ».

« L'Eglise, peut-on lire dans l'*Univers*, est suzeraine dans le monde, suzeraine des âmes, *suzeraine des sociétés.* Telle est la doctrine catholique, doctrine qui a été quelquefois appliquée et *enseignée* toujours. »

La *Civilta Catholica*, du 18 mars 1871, disait :

« *Le pape est juge souverain des lois civiles.* En lui se réunissent les deux autorités, l'autorité temporelle et l'autorité spirituelle, car il est le vicaire de J.-C. qui n'était pas seulement le prêtre éternel, mais le roi des rois et le seigneur des seigneurs. Le pape se trouve en raison de sa haute dignité, au *faîte des deux puissances.* »

Bravo Gaspard, tantôt on assaisonne son cœur, tantôt on accommode sa noblesse. Quelle salade !

Dans une allocution papale, *Quibus quantisque singulari quadam,* consacrée aux associations et sociétés fondées en dehors du contrôle de l'Eglise, le pape leur décerne les aménités suivantes : « Pestes, fléaux, monstres, contagions exécrables, fauteurs de désordres, artisans de corruption qui versent à la jeunesse le fiel du Dragon dans la coupe de Babylone. »

Le pape Pie IX haranguait, le 3 octobre 1876, des pèlerins flamands et prononçait, à l'adresse du gouvernement belge, ces paroles douces à l'oreille du goupillonneux Malou, que les ouvriers bruxellois, un soir de révolte, voulaient pendre :

« Pourquoi m'enlevez-vous les droits que J.-C. m'a donnés ? Pourquoi empêchez-vous les évêques de laver les taches du sanctuaire, non seulement *en leur enlevant les moyens de punir,* mais en accordant des bénéfices à ceux qui ne méritent que des châtiments ? Pourquoi *permettez-vous* le *libre exercice* de toute *fausse religion ?* Pourquoi *opprimez-vous* les instituteurs et surtout les institutrices catholiques en *les soumettant* à des *examens insidieux ?* »

« Il est faux, dit une Encyclique, que la volonté du peuple manifestée par ce qu'on apelle l'opinion ou d'une autre manière, constitue la loi suprême. »

Le *Bref sur la Constitution civile du Clergé* (10 mars 1790) n'est pas moins explicite :

« L'effet nécessaire de la constitution décrétée par l'Assemblée Nationale est d'anéantir la religion catholique. C'est dans cette vue *qu'on établit comme un droit* de l'homme en société, cette liberté absolue qui non seulement assure le droit de n'être point inquiété sur les opinions religieuses, mais qui encore accorde cette *licence* de penser, de dire, d'écrire et même de faire imprimer en matière de religion tout ce que peut suggérer l'imagination la plus déréglée. Où est donc cette liberté de penser et d'agir que l'Assemblée Nationale accorde à l'homme comme un droit imprescriptible de la nature ? Cette égalité, cette liberté si vantées ne sont que des mots vides de sens. »

Lamennais, dans son livre sur les *Affaires de Rome*, raconte qu'il défendait un jour, devant un cardinal, les droits de la pensée et de la liberté de la presse. La Bête Rouge lui répondit : « Avec votre liberté, que deviendrait l'Inquisition ? »

Au sujet du 2 décembre, que M. de Voguë qualifie élégamment de « simple opération de police », le père Ventura fut chargé, par le Gésu, de rédiger une réhabilitation. Dans son livre, *Le Pouvoir public*, il écrivit :

« On dit que l'auteur du coup d'Etat de 1851 a violé son serment, mais les écoliers mêmes savent que nul serment n'oblige, à moins qu'il ne soit fondé sur le droit et la justice. Et que veut dire : être fondé sur la justice ? Cela veut dire que la chose jurée doit être juste, licite et honnête. Cette condition est particulièrement exigée dans le *serment promissoire*. Lorsqu'on a donc juré le maintien de la République et de la Constitution, il était sous-entendu qu'on ne se croirait pas obligé à tenir ce serment, dans les cas où son observation aurait compromis l'ordre et la tranquillité du pays. »

Et voilà pourquoi tous les lascars de sacristie, peuvent aujourd'hui affirmer leur républicanisme, jurer fidélité à la République. Le serment promissoire est pour eux résiliable à volonté, car leur conscience est un cadavre.

On conviendra, avec nous, que l'esprit de l'Eglise est absolument incompatible avec le régime démocratique. Tous ceux qui obéissent à ses dogmes doivent fatalement combattre un gouvernement basé sur le suffrage universel, sous peine d'excommunication majeure. Mais, dans les sacristies, on ne s'embarrasse pas pour si peu. Pour exploiter un peuple vivant sous la houlette d'un souverain, il suffit d'entourer le pouvoir exécutif, de lui démontrer l'utilité de la religion et, avec son appui, de pourchasser la libre-pensée, abrutir dans les écoles les générations naissantes et veiller au maintien des traditions monarchiques. Dans le pays des Droits de l'Homme, une autre tactique s'impose et vous en connaissez les effets désastreux. On se glisse dans la place à la façon des voleurs, par escalade, effraction ou trahison, on fait admettre ses créatures aux fonctions publiques, on envahit l'enseignement ; peu à peu, on infiltre la peste dans les professions libérales : barreau, médecine, etc. Ce travail de persévérance ne s'accomplit pas en un jour, mais il aboutit, par la lâcheté des uns, l'indifférence ou la complicité des autres, au but visé : la domination.

A la suite des revers de 1870-71, le Gésu triomphant a pu étendre, sur la France, le réseau de ses écoles congréganistes. Les bons frères ont tripoté les gosses à leur aise. Lorsque des mesures furent prises, un peu tard, contre ce mal, l'esprit clérico-militariste pénétra dans les écoles normales d'instituteurs, rebelles à la contagion, mais obligés de s'incliner au nom de la tolérance et de l'Esprit nouveau. Quoi de plus attristant que le spectacle de l'instituteur isolé dans sa commune, traité en lépreux par les bigottes, obligé d'être le *factotum* du curé pour avoir des élèves, vivre en paix et jouir d'une certaine considération, mesurée à l'aune de son aplatissement ?

La situation des institutrices est encore plus affligeante. Véritables parias, livrées à la malignité des imbéciles, calomniées outrageusement dans leur vie privée — tandis que les bonnes sœurs peuvent à loisir égayer la paillasse du vicaire — elles sont obligées de supporter les avanies, endurer les admonestations d'un inspecteur souvent jésuite ou de fuir l'école. A moins que, cédant à la coalition des sacristains, elles ne se réfugient sous l'aile protectrice du soutanier.

La République aurait dû aviser. Hélas ! les libéraux ont trop longtemps administré ce régime et les républicains sincères ont subi leur ascendant. Le cléricalisme a entretenu avec soin, dans la démagogie, des agents chargés de déshonorer les hommes d'Etat anticléricaux. En trente-deux ans de république, on ne peut guère compter que huit années de lutte contre la Gent, sous la présidence de Grévy. Jusqu'à la chute de Mac-Mahon, le règne du Gésu fut indiscuté. Pendant les quelques années qui suivirent il fut réduit au silence. L'expulsion des Jésuites — sortis par la porte, ils rentrèrent par la fenêtre — et la laïcisation partielle des écoles primaires donnèrent, un moment l'illusion d'un réveil de la Pensée contre l'Eteignoir. Cela n'a pas duré. L'élection du pieux Carnot et la trahison des « progressistes » (?) qui, dupés par Rome, créèrent l'Esprit nouveau, nous replacèrent sous la coupe cléricale.

L'enseignement primaire, est-il besoin de le répéter ? joue un rôle primordial dans l'avenir de notre démocratie. Il en est la base. Pour échapper à la gangrène eucharistique, il faut de la virilité. L'enseignement doit être laïque et antireligieux. Sous aucun prétexte, le froc ne doit intervenir dans les questions d'éducation. La revision des livres remis à nos enfants s'impose d'une façon absolue.

C'est pitié de lire ce qu'on apprend aujourd'hui dans nos écoles laïques. La morale enseignée n'est qu'une parodie imbécile des boniments évangéliques. L'humiliation, la charité, la modestie, la servilité et autres hypocrisies de la curaille sont ressassées, alors qu'il conviendrait d'élever les sentiments de nos fils et de nos filles, en leur inculquant de hautes aspirations de justice et d'altruisme. Ouvrir à ces jeunes intelligences de nouveaux horizons de fraternité et d'égalité, n'est-ce pas ensemencer de germes humanitaires l'avenir de notre société ?

Il ne faut pas hésiter de montrer à nos enfants de quelle façon le Gésu traitait la mentalité des ancêtres. Les contes de la mère l'Oie et du père le Cafard, essaimés dans l'histoire dite sainte, doivent les mettre en mesure de comparer avec l'esprit « divin » la pensée et la critique rationnelle des Diderot, Voltaire, Meslier, Michelet, Renan, Aulard, Paul-Louis Courier, Volney, Hector Denis, etc.

La conception biblique du monde avec son « père créateur » ne manquera pas de les intéresser, comme une mythologie, habilement conçue, (rtout si l'on vulgarise et simplifie à leur intention les féconds travaux des Darwin, Büchner, Clémence Royer, Letourneau, Guyau, Haeckel, etc.

L'histoire de la religion et des crimes monstrueux qu'elle engendra ne peut être négligée. Les inventions miraculeuses de la moinerie et leur exploitation doivent être étudiées avec les détails inhérents à l'éducation de libres-penseurs. Des livres, comme *Marie Alacoque et le Sacré-Cœur*, de Jules Lermina, *les Cordicoles* de Gustave Téry, devraient figurer au catalogue des bibliothèques scolaires. Nos enfants y puiseraient la haine du Mensonge et le mépris de la folie mystique.

Au point de vue historique, de profondes modifications s'indiquent. On devrait moins développer le côté légendaire des batailles et des miracles, genre Jeanne d'Arc et Geneviève, propres tout au plus à surexciter l'imagination enfantine et à égarer son jugement ; s'appesantir davantage sur l'évolution lente de notre pays constamment perturbé par les ambitions, les rancunes et les fantaisies royales, livré aux machinations de favoris et de favorites venus d'Espagne, d'Italie, d'Angleterre ou d'Autriche. Il nous indiffère qu'un enfant, fort en chronologie, sache la date exacte du traité de Campo-Formio ou de la mort de Philippe-le-Bel, s'il ignore la triste existence des vilains, ses ancêtres, pressurés, maltraités et abrutis par le clergé, les rois et les nobles qui disaient du peuple : « Poignez vilain, il vous oindra, oignez vilain, il vous poindra. »

L'enfant peut hésiter sur le nom de l'évêque qui sacra Clovis le fier Sicambre, mais il ne lui est pas permis de n'avoir que des idées superficielles sur l'histoire de la Révolution, les progrès énormes qu'elle réalisa et les embûches que lui tendit le Gésu, embusqué derrière les canons de l'Europe coalisée contre la Liberté. Notre histoire contemporaine doit retenir l'attention de l'éducateur. La première République, escamotée par un Bonaparte qui, après avoir terrifié le monde et ruiné la France, mourut comme un bourreau dans le sinistre oubli que d'imaginatifs romanciers s'efforcent inutilement de revivifier en légendes ; l'Invasion et le retour des Bourbons que les Alliés victorieux déposèrent chez nous en signe de cruel châtiment ; les luttes de prétendants voulant tous « sauver notre pays » en le pillant ; la deuxième République égorgée par un second Bonaparte, qui alla pourrir comme l'autre, après ses crimes, dans quelque retraite ignorée, non sans avoir valu à notre pays la haine de l'Italie, (contrariée par ce potentat dans son effort antipapiste), déchaîné des guerres et provoqué une nouvelle invasion ; la Chouannerie alimentée par les fonds de l'Angleterre ; les nobles émigrés préparant, en Allemagne, les invasions du pays qu'ils avaient ruiné, ne sont-ce pas là autant de sujets intéressants pour les Français de l'avenir ?

Toute cette période tourmentée où les penseurs

affirmaient notre clair génie, tandis que les milita-
ristes étouffaient au son des clairons et des tam-
bours leurs idées généreuses, la lutte perpétuelle de
la Raison contre le Culte et les alternatives d'espoir
et de deuil traversées par notre démocratie jusqu'à
nos jours, voilà l'histoire qu'il convient d'apprendre
à nos fils si nous voulons qu'ils deviennent des citoyens intégraux; à nos filles, si nous désirons voir
éduquer une génération affranchie de la débauche,
de l'alcoolisme et des préjugés sacristains.

Cela ne fait pas l'affaire des sanguinaires natio-
nalistes-antisémites, nous le savons de reste. Ils
pensent, avec le farouche de Moltke que « la guerre
est un mal nécessaire ». Un de ces infâmes follicu-
laires que le Gésu nourrit tantôt à Rome, tantôt
à Paris, écrivait dernièrement dans le *Figaro* :

« Il m'est arrivé souvent, hélas! d'être choisi comme
témoin en des conflits particuliers. J'ai horreur de
toute violence et j'incline toujours aux accommode-
ments. Une fois, pourtant, en face d'une situation
inextricable, j'ai conclu à la nécessité absolue d'une
rencontre. Le duel eut lieu. Quelques gouttes de sang
ont scellé une réconciliation qui, autrement était impossible.

« De même entre les peuples. Combien de difficultés
internationales ne peuvent définitivement être tran-
chées que par la force ! Un combat n'est-il pas souvent préférable à ces luttes, à ces rivalités sourdes qui
perpétuent la gêne entre les nations?

« Enfin, la *guerre donne essor aux industries, ré-
vèle les génies, entretient les vertus mâles et l'esprit
de sacrifice.* C'est sur le champ de bataille que
l'homme apparaît vraiment grand, en sa terrible
puissance. »

Nous avons tenu à encadrer cette merveille du
genre qui résume, dans sa superbe sauvagerie, les
aspirations de la Bande. Imaginez un gouvernement accessible aux suggestions de ces sangliers du
scapulaire, et c'est demain la guerre allumée pour

assouvir leur odieux désir de tuerie. C'est pourquoi l'expérience, acquise à nos dépens, nous con-
seille de laisser un tueur d'hommes, comme Déroulède, soigner ses rhumatismes à San Sébastian et
d'empêcher qu'il puisse jouer un jour, chez nous,
le rôle de Chamberlain en Angleterre.

On connaît ces oiseaux de malheur et, parmi les
chefs du nationalisme antisémite, avides de voir
couler le sang français, on peut remarquer que les
uns n'ont pas songé à reproduire leur sang si généreux et si pur et qu'ils vivent dans un égoïste célibat, alors que les autres, méprisant la femme française, seule qualifiée pour continuer la race, s'en
sont allés chercher, chez « l'étranger honni »,
l'épouse et la dot nécessaires à la constitution de
leur foyer familial. Côté des célibataires : Coppée, la
fistule au derrière, exaspéré par la lancette de son
chirurgien, rêve dans sa solitude inféconde de bon-
nets-à-poil, de flamidiens et de carnages ; Déroulède
l'égorgeur, déplore la dépopulation et, dans son iso-
lement stérile, ne pense qu'à ces bons citoyens
qui élèvent des moutons pour sa boucherie ; Dreïmmund n'a pas non plus convolé, mais le dégoût qu'il
inspire le rend excusable. Il n'y a que de pauvres
hétaïres, prêtes à toutes les promiscuités, qui puissent satisfaire ses érotique passions.

Ne faisons pas ce reproche à Rochefort. Il a
épousé, à soixante-dix ans, une femme de vingt ans.
Quoique les médecins prétendent, en l'occurence,
que les septuagénaires ont toujours des enfants, par
patriotisme sans doute, l'impartialité nous oblige à
le considérer comme un intéressant célibataire.

Après les nationalistes du célibat, partisans for-
cenés mais inactifs de la reproduction en vue des
prochaines guerres dévastatrices, citons ceux que
l'hyménée couronne de ses feux. Le général Mercier
a épousé une anglaise et sa dot. Au point de vue
légal ses enfants sont français, mais au point de vue
racial ?... Millevoye, directeur de la *Pââârie*, et
employé de Jaluzot du Printemps et des Sucres,

a épousé une juive allemande et sa dot. Boni de Castellane a épousé une américaine anglo-saxonne et ses millions. C'était même, disaient les échos mondains de l'époque, une grande victoire pour l'aristocratie française, car la concurrence du « sang-bleu » était ardente autour de ce gros sac d'écus.

Quelle sincérité attendre de ces gens dont la vie privée dément les furibondes apostrophes ? Ils ne peuvent songer, sans être dénués de tout sens moral, à exterminer les peuples qui ont pourvu à leur bien-être familial et pécuniaire. S'il en était autrement, ce serait pure convoitise d'héritage, alors leur cas relèverait de la Cour d'assises.

Nos ennemis sont puissants et riches. Ils ont pour eux, l'astuce et la cruauté, les préjugés ataviques et le moutonnisme des ignorants. Ils disposent, grâce au clergé, d'une force internationale irrésistible. Par leurs louches manœuvres, leurs alliances conjugales avec des étrangères, leurs intrigues renouvelées de Coblentz, leurs perpétuels complots avec Rome et les congrégations, ils peuvent déchaîner la guerre et nous ramener à l'esclavage et à la famine.

Un publiciste antisémite a réuni, pour les élections, dans une brochure assez ridicule comme concept (car il s'est complu en des révélations rancies depuis le fumiste Taxil), les vœux adoptés aux convents maçonniques de ces dernières années. Le pauvre jésuite n'a pas compris qu'il rendait un involontaire hommage à l'esprit pratique de la Franc-Maçonnerie. Ses lecteurs, pouvaient croire, avec Dreïmmund, que les « infâmes Maçons » se livraient à des messes noires, volaient les gaspardeux pains à cacheter consacrés, et procédaient à des envoûtements. Ils apprendront avec surprise que l'on s'occupe dans les Ateliers de museler la Bande. Le folliculaire relate, en effet les vœux suivants :

En ce qui concerne l'Armée :

Fermeture, le plus tôt possible des Cercles militaires d'ordre confessionnel. — Obligation pour tous les aspirants officiers, candidats aux écoles spéciales, de faire, au préalable, dans les rangs, deux ans de service effectif. — Suppression des ouvriers militaires et ordonnances. — Etablissement d'un enseignement *philosophique* dans les Ecoles militaires. — Suppression des Conseils de guerre, en temps de paix, et des bataillons de répression d'Afrique. — Enrayement, dans la mesure du possible, des missions militaires en Afrique. — Continuation de l'œuvre commencée au ministère de la guerre, par l'épuration du personnel de l'état-major.

En ce qui concerne l'enseignement :

Interdiction de l'enseignement aux personnes qui font vœu de chasteté et en général à tous les ecclésiastiques. — Demande de mise en vigueur des décrets concernant les congrégations et mise à l'étude des projets de loi concernant les associations. — Abrogation de la loi Falloux et monopole de l'enseignement par l'Etat, à tous les degrés. — Interdiction de mêler le drapeau républicain aux manifestations religieuses. — Choix des Inspecteurs parmi les instituteurs républicains.

Au point de vue politique et économique :

Privation du droit de vote pour les séminaristes et les membres des diverses congrégations. — Confiscation des biens de mainmorte. — Refus pour les emplois de la République, de tout fonctionnaire qui n'aura pas passé par les établissements de l'Etat. — Révocation des fonctionnaires non républicains. — Suppression dans les couvents, ouvroirs ou prisons, de tout travail faisant concurrence au travail libre. — Impôt progressif sur le revenu.

En ce qui concerne la religion :

Interdiction au Clergé séculier et régulier du port du costume ecclésiastique. — Interdiction des quêtes religieuses à domicile. — Suppression des Aumôniers à bord des navires de l'Etat. — Suppression des coups

58

de canon les Vendredi et Samedi Saints. — Suppression du serment religieux prêté en justice. — Affichage de la *Déclaration des Droits de l'Homme et du Citoyen* dans tous les prétoires de justice à la place des emblêmes religieux. — Laïcisation du personnel des maisons centrales et de correction. — Suppression des messes officielles du Saint-Esprit.

Ce programme, qui est un *minimum* d'aspirations pour un républicain, a le don d'éberluer le protégé de Dreïmmund et, sous sa plume bénie, les réformes signalées deviennent autant d'attentats contre l'Armée, contre le Droit commun, contre la Liberté et contre la Religion; ainsi intitule-t-il chaque paragraphe.

Contre l'Armée, la fermeture des Cercles militaires confessionnels où, sous le regard attendri de l'aumônier, on ouvre son cœur, ses oreilles et sa bourse, aux propositions de complots césariens.

Contre l'Armée, l'obligation pour les aspirants officiers, qui feront des armes une carrière rétribuée, d'accomplir comme les autres citoyens leur service obligatoire et gratuit.

Contre l'Armée, la défense de distraire le soldat de son service actif pour le transformer en valet ou producteur sans salaire au bénéfice de l'officier.

Contre l'Armée, l'établissement d'un enseignement philosophique dans les Ecoles militaires; la suppression des conseils de guerre, des bataillons d'Afrique et l'épuration du personnel césarien de l'Etat-Major.

Ces réformes qu'il considère comme dirigées contre l'Armée, prouvent assez que le gaillard se fait une idée peu démocratique du métier militaire et qu'il envisage le rôle de l'officier à la façon de Bonaparte.

Contre la Liberté, l'interdiction aux ignorantins, victimes d'un vœu contre nature, de s'exposer à la « satanique tentation » de violer et d'égorger nos enfants; l'abrogation de la loi Falloux qui crée deux France antagonistes, celle du Gésu et celle

de la Révolution. — Alors, liberté de l'abrutissement et du viol ?

Contre la Liberté, l'interdiction de transformer
le drapeau républicain en emblême du Sacré-Cœur !
Le choix des inspecteurs parmi les instituteurs
républicains. Ils doivent être recrutés, au nom de
la liberté, dans les jésuitières !

Comme pour l'Armée, il arrange la Liberté à la
façon de Badinguet !

Contre le Droit commun, la privation du vote
pour les séminaristes et les congrégateux qui, vivant sous la direction temporelle et spirituelle d'un
pape italien, ne peuvent voter que par ordre, avec
oblitération absolue de leur opinion personnelle.

Contre le Droit commun, la confiscation des
biens de mainmorte qui reconstitueraient une féo-
dalité abolie ! Le refus pour les emplois publics des
fonctionnaires éduqués par les ennemis de la
Liberté et la révocation de ceux qui, installés dans
la place, trahissent la démocratie qui les paye !

Contre le droit commun, la suppression du travail dans les ouvroirs, couvents et prisons, dont la
main-d'œuvre peu coûteuse concurrencie le travail
libre et réduit les prolétaires à la famine. Il est vrai
que ce système arrondit les sacs d'écus des nonnes
du Bon Secours, du Bon Pasteur et autres maisons
infâmes.

Comment s'entendre avec ce libelliste ? Si l'on
veut supprimer quelque anachronique abus dans
l'armée, il s'écrie : « N'y touchez pas, elle est sacrée ! » alors que son patron traîne, chaque jour
dans la boue le général ministre de la guerre. La
liberté est à ses yeux une drôlesse qui perpétue
l'ignorance et la sauvagerie. Quant à son droit commun, il ressemble à la justice de Ravary, c'est dire
qu'il n'est pas le même que le nôtre.

Reste la religion. Lorsqu'il s'agit de celle-ci nous
estimons qu'il n'est pas de mesure draconienne à
son égard. Le Religion est contraire au bon sens
et au bien public, par l'abrutissement qu'elle per-

pétue. La superstition ne peut s'extirper en un jour
des têtes rocheuses où un effort constant l'incrusta.
Mais il convient d'en atténuer autant que possible
la contagion en l'éloignant du forum et en la refou-
lant dans les repaires sacristains. Le respect religieux n'est basé que sur la crainte de l'Enfer et le
déguisement des prêtres ; il convient donc d'empêcher l'exhibition du travesti soutanier et l'exercice
des mômeries en public. Le citoyen ne doit pas être
exposé aux pressantes objurgations d'un aumônier
dans un hôpital, à la caserne ou à bord. Libre à ceux
qui trouvent plaisir en cette compagnie de hanter
les endroits retirés où les cafards opèrent. Il en est
de même des outils de la Gent. N'est-il pas ridicule
que l'on tolère ses emblêmes grotesques dans les
prétoires de justice et que, sous peine d'amende, nos
incrédules concitoyens soient obligés de prêter serment au funambulesque Gaspard en ivoire qui se
contorsionne, impudique, sur une croix de carton ?
     Nous ne contestons pas à Dreïmmund le droit de
porter des scapulaires en guise de gilet de flanelle,
de lécher des crucifix et de se livrer à des simagrées
de papion acrobate, mais nous lui dénions le pouvoir de nous imposer le supplice d'adorer et de bai-
ser les dieux qu'il a, au préalable, enduits de sa
bave.
     . Le programme qui précède n'a pas été élaboré
pour plaire à nos buveurs de sang sacristains et mi-
litaristes, car il assurerait à la France une tranquillité à l'intérieur et à l'extérieur contraire aux visées du Gésu. Il permettrait, en outre, d'élucider
les graves problèmes économiques en gestation dans
le sein de notre société marâtre. Car le ciel vide
commande à l'homme de paradisier l'existence commune de ses frères et d'arriver à l'organisation d'une
association humaine, fraternelle et égalitaire. Ces
mots ont le don d'irriter les bêtes féroces de l'Antisémitisme mais ils n'en résument pas moins les tendances philosophiques des penseurs matérialistes.
     Revenons au libelle antimaçonnique où l'auteur

se fait interroger par un innocent. On se croirait à la classe d'un « bon frère » :

D. — Mais cette secte (la Franc-Maçonnerie) agit comme si elle était elle-même le Parlement !

R. — Ni plus ni moins.

D. — J'estime cependant que la Franc-Maçonnerie n'osera ou ne pourra pas exécuter contre notre clergé national ce qu'elle a fait contre les Congrégations ?

R. — Qu'en savez-vous ? Ecoutez ce vœu des FF .·. Laffont et Edgar Monteil, adopté par le Convent de 1892 :

« Le Convent déclare qu'il est de *devoir strict pour un Franc-Maçon:*

« S'il est membre d'un *Conseil municipal*, de réclamer et de voter la suppression de toute allocation aux curés, vicaires ou desservants ; de surveiller la gestion des biens de fabrique, d'église et des biens curiaux ; de favoriser uniquement l'enseignement laïque et d'interdire les manifstations extérieures du culte.

« S'il est membre d'un *Conseil général*, de s'opposer à toute allocation en faveur de l'évêque, de la mense épiscopale, des Séminaires ou autres établissements diocésains, ainsi que des établissements conganistes, et de proposer à chaque session un vœu pour la séparation des Eglises et de l'Etat et la suppression des congrégations religieuses.

« S'il est membre du Parlement, de voter la suppression du budget des cultes et des dépenses afférentes aux cultes inscrites aux chapitres des différents ministères ; de voter la suppression de l'ambassade auprès du Vatican ; de se prononcer en toutes circonstances pour la séparation des Eglises et de l'Etat......; enfin de réclamer l'exclusion des élèves des Congrégations ou des établissements ecclésiastiques des écoles spéciales militaires, des grades dans l'armée et des emplois dans l'administration civile.

« Ce vœu résume tout ce qui a été dit sur la question cléricale. Il demande que tous les Maçons qui occupent des sièges de conseillers municipaux, de conseillers généraux, de députés, soutiennent toujours ce que nous avons décidé relativement à la question cléricale ; il recommande surtout qu'on s'occupe des biens diocésains et curiaux. Vous êtes tous de cet avis;

je vous demande donc que le vœu soit renvoyé avec
avis favorable au Conseil de l'Ordre. »

Ne frémissez-vous pas d'horreur, en pensant que
ce vœu émane d'un préfet républicain ? Il est vrai
que le libéral Lavertujon l'a dénoncé aux sévérités
du président du Conseil pour avoir laïcisé les écoles
de son département, ce pendant que l'abject Cassagnac écrivait : « Et on voit des préfets, tels que
cette crapule de Monteil engager les agents à laisser tranquilles ces « pauvres braconniers » qui vivent de leur industrie. »

Un préfet qui combat la prêtraille et défend aux
gardes-chasse de tuer les braconniers comme des
lapins ! c'en est assez pour indigner le libéral jésuite Lavertujon et cette vieille brute réactionnaire
de Cassagnac. Leur mentalité s'effare éperdue, devant un tel abîme. Elle bat la campagne comme
celle du mercenaire qui, dans la *Libre Parole*,
s'écriait : « La population de Chartres n'est pas sa-
tisfaite, elle ne peut comprendre pourquoi Brière
ne sera pas exécuté. Si à Chartres, il y avait des
dreyfusards, il n'y en a plus. » Ça vous apprendra,
vendus aux Droits de l'Homme, à priver les char-
trains d'une exécution capitale. Le peuple de
Dreïmmund veut du sang, malheur à qui le lui
marchande !

Pendant que les républicains et les socialistes se
querellent, tous les journaux de la faction marchent
à l'unisson vers ce même but : l'écrasement de la
République. Le moindre événement est présenté,
par chacun d'eux, sous la forme et le système qui
conviennent à la clientèle habituelle du journal.
Nous citerons à ce sujet un exemple frappant : Il
s'agit du manifeste badingueusard de Victor Plon-
Plon. L'esprit d'imitation est le moindre défaut de
la famille Bonaparte. Depuis « l'Aigle » les décla-
mations n'ont pas varié.

Oyez, ce qu'écrit Robert Mitchell, dans le *Gaulois*, au sujet de la dernière élucubration :

« Son programme est exactement celui que le gouvernement condamne et autour duquel les oppositions se rallient.

« Nous devons donc croire que les bonapartistes feront cause commune avec les antiministériels pour combattre les lois scolaires, l'impôt global et progressif sur le revenu, les menées antireligieuses, la suppression de l'enseignement congréganiste.

« Ce sont des points sur lesquels nous sommes tous d'accord et nous sommes heureux de constater qu'à l'heure de la bataille il n'existera entre les adversaires du ministère aucune dissidence.

« Il est bon de détruire sur ce point les illusions que nourrissaient ou semblaient nourrir certains ministériels. »

Ceci est destiné à la clientèle conservatrice de droite qui connaît et encourage les visées de la Bande.

Pour la clientèle de gauche, c'est le vieux gaga Rochefort qui entonne un autre couplet, dicté par les congrégâteux, ses amis et alliés :

« Le prince Victor n'a pas voulu laisser protester la signature de son ami André, ministre de la Défense bonapartiste. Celui-ci avait dit en pleine Chambre au député Lasies, qu'il supposait acquis à la cause impériale, Lasies étant un ancien officier : « Dans six mois, nous serons d'accord. »

« Il n'a certainement fait violence à sa réserve native qu'à la suite d'incitations venues de très haut : des juifs, d'abord, dont il est le protégé notoire, et, en second lieu, du ministère dont tous les membres, depuis Lanessan jusqu'à Caillaux, en passant par Baudin, le neveu du fusillé du Coup d'Etat, font partie du complot qui doit nous ramener un César. »

Ces deux cloches, d'un carillon si différent, sonnent le même Office. L'une tinte dans les salons où l'on prépare l'étranglement de la « Gueuse » ; l'autre dans les assommoirs où l'on étrangle des « perroquets » en attendant le général prétorien qui fera sortir les esclaves ivres de leurs repaires, pour les fusiller s'ils protestent, les conduire à la boucherie s'ils l'acclament.

Les gages du vieux polémiste, au cheveu rare, à la dent molle, seraient impayés s'il n'introduisait pas, dans sa besogne, quelque refrain repris en chœur par les congrégations. Pour gagner les subsides, indispensables à sa vie princière et à la roulette de Monte-Carlo, il charge les Baptiste Roche de sa maison du soin de défendre, au nom de la « liberté », les revendications du Gésu. C'est ainsi que, dans une réunion à Montmartre, le pharmacien benzo-mercurialiste Charles Bernard, candidat du Sacré-Cœur et de l'*Intransigeant*, s'écriait :

« Jamais je ne serai du côté des persécuteurs contre les persécutés. Amant passionné de toutes les libertés, respectueux de celle des pères de famille, estimant qu l'os clérical dont la moelle a été sucée par les Juifs et les Francs-Maçons, n'est plus, à cette heure, qu'un moyen de division pour empêcher le peuple qui travaille de voir clair dans les tripotages du ministère de déficit ; *j'emploierai toute mon énergie à effacer la trace des haines religieuses* pour ne travailler qu'au relèvement et à la grandeur de notre chère France. »

Vous chercheriez en vain cette citation dans l'*Intransigeant*, car ses lecteurs doivent ignorer la conversion religieuse du patron, mais vous la trouverez dans la *Libre Parole* dont la clientèle goûte délicieusement les flagorneries cléricales des césariens « d'extrême gauche ».

VI

CONCLUSION

Nous assistons à la réédition d'une campagne cléricale menée sous le masque du nationalisme-antisémite. Tout l'infernal gibier de la rue des Postes, d'Arcueil, des séminaires et des sacristies donne de la voix et du... reste.

On revoit surgir, avoués ici, dissimulés là, les pactes de Bordeaux, les alliances hideuses, le caméléonat de la réaction et de la démagogie. Il y a le nationalisme blanc, le nationalisme tricolore et le nationalisme rouge, évoluant sous une même bannière, celle du Sacré-Cœur.

Clovis Hugues disait un jour : « J'ai été boulangiste, j'étais un imbécile ; si j'étais nationaliste à présent, je serais une canaille ». Ces paroles d'une sincérité ardente, valent d'être méditées par certains citoyens que l'ambition, la haine et une compréhension inexacte du danger, semblent égarer dans les sentiers bourbeux du rochefortisme.

La pièce boulangiste a été montée par la Congrégation ; le drame nationaliste est de même essence. Ce qui le prouve, c'est la fidélité des acteurs. On revoit les mêmes personnages, vieillis, plus laids, le visage barbouillé de chrême, le torse courbé par les ans et la honte, s'avancer sur la scène avec les mêmes grimaces et les mêmes gestes charlatanesques. Certains du succès, ils ont repris au magasin d'accessoires les oripeaux de la Boulange.

Souvenons-nous. A droite, toute la réaction secondait le brave marlou, et c'était un spectacle répugnant, grotesque et inquiétant, que le défilé de la troupe : le dos-vert, juif apostat du *Gaulois*, l'ordurier Cassagnac, les fossiles de la *Gazette de France*, les duchesses du faubourg Saint-Germain et des Folies-Bergères, la d'Uzès chère à l'amant de la Bonnemain, les moines ivrognes et batailleurs de la *Croix*, enfin, le comte de Paris, ce prétendant tire-laine, qui mettait au *clou* la tabatière de Philippe-Egalité pour aider la propagande malfaisante du Monk à rouflaquettes.

A gauche, le vieil agent orléaniste Rochefort, qu'un *rut* sexagénaire affolait de panache et de besoins d'argent ; l'ancien mouchard Andrieux, malfaiteur incorrigible qui criait : « A bas les voleurs ! » Qu'il était drôle ce vieillard ataxique écumant de rage impuissante, contre un régime qui l'avait fait député, préfet de police et ambassadeur ! Il n'y a que Quesnay de Beaurepaire qui puisse lui être comparé. Enfin, une prétendue armée socialiste venait, comme aujourd'hui, sous prétexte de « porter la bataille électorale sur le terrain de la lutte de classes » désorganiser l'union démocratique et faire le jeu de la réaction. Il fallait voir ces inconscients, conduits par un état-major de traîtres, vomir des injures sur Joffrin, ce vaillant honnête homme, sur Ranc, Allemane, Lissagaray et toute la généreuse légion de républicains, de socialistes, qui avaient organisé la défense. On vociférait contre la « rue Cadet », mais on recevait des subsides de l'*Intransigeant*. Au bout du compte, la République l'emporta. Le luisant poisson césarien fut saisi par les ouïes et jeté à la mer. Rochefort prit la fuite et mena en Angleterre la pénible existence du proscrit, car il ne dépensa que *dix-sept-cent mille francs* en six années.

La même coalition se dessine aujourd'hui, avec cette différence que le boulangisme venait à la fin d'une époque d'anticléricalisme et que, pour ne pas effrayer certaines susceptibilités, les jésuites devaient se contenter de diriger le mouvement dans la coulisse. Maintenant, après une période de cléricalisme éhonté, le clergé affecte plus d'arrogance ; au lieu de dissimuler son action, il prétend sonner le branle-bas. Les *Semaines* et les *Croix* prennent position ; on assiste au curieux spectacle d'une agitation parallèle : les séculiers prêchant le ralliement papiste et pioutiste, les réguliers et leurs amis prêchant le césarisme. On comprendra que des gens qui se déguisent toute l'année n'en soient pas à un travestissement près.

Quant aux nouvelles recrues, elles ne sont guère brillantes. Ce n'est pas ce pauvre Coppée, converti parce que la Providence aux voies insondables, l'a fistularisé, Lemaître-Porte-Chien, Cavaignac, méchant mais si bête ! quelques vagues déserteurs des caboulots décadents, le C'est-Clair, et la Bavarde de l'*Eclair* qui constituent un appoint sérieux. Seul Dreïmmund ne peut, sans partialité, être considéré comme une quantité négligeable. Après avoir promené, pendant quarante ans, son haleine fétide dans les bouges préfectoraux, dans les sacristies et les luxueux cabinets des banquiers juifs, il a apporté au nationalisme toute l'amertume et la bile puante accumulées dans ces mauvais lieux. Il est l'Egout Collecteur de la pourriture clérico-césarienne.

La complicité des mélinistes, ralliés à la « Patrie française des ménages cosmopolites », prêts à toutes les compromissions, à toutes les trahisons, pour restaurer la Force négatrice du Droit, rend le danger plus menaçant. Après avoir livré la République au Gésu, la bande méliniste, telle une vieille proxénète, a marchandé son concours, imposé ses conditions et conventions, pour l'avènement du Sabre qui doit l'achever.

Devant cette coalition abjecte, le libre-penseur ne peut hésiter. Qu'il soit républicain, socialiste,

réformiste ou révolutionnaire, son unique objectif
doit être : la République avant tout ; car c'est elle
qui peut le débarrasser des moines crasseux, des
curés empoisonneurs d'intellects ; c'est elle qui peut
libérer l'esprit et affranchir le corps ; c'est elle qui
représente la paix, ce bien inestimable à l'ombre
duquel toutes les espérances sont permises. La République vaincue, c'est la guerre tant désirée par
les Apaches antisémites, c'est le canon grondant,
l'affreuse boucherie, la saignée, la misère et la mort.
Sous la poussée brutale des événements tragiques,
au *rut* sanglant des masses avides de s'entretuer,
que peut espérer l'idéologue ou le révolutionnaire ?
S'insurger ? les commissions mixtes auraient tôt
réduit le protestataire courageux. Lorsque la folie
du meurtre s'empare d'un peuple, les énergies indi-
viduelles sont autant de fétus de paille que la tour-
mente emporte au gré du vent qui souffle. Pour
éviter la guerre, imposer la paix, sauvons la République !

Le libre-penseur connaît son devoir. Il sifflera la
cohue carnavalesque et sanguinaire du Gésu. Il rira
au nez des pseudo-rrévolutionnaires en chambre,
millionnaires socialistes qui lui parleront de « lutte
de classes » entourés de valets chamarrés et des
plumitifs faméliques, qu'ils ont embauchés pour de
suspectes besognes.

« On doit aimer la République, écrivait excel-
lemment Lermina, sans lui tenir rigueur des injus-
tices commises en son nom. » C'est notre avis.

Nous avons vu un ministre « républicain » M. Da-
vid Raynal, ordonner en janvier 1894 trois mille
perquisitions arbitraires et nous faire jeter en pri-
son, avec d'honnêtes gens, sous l'inculpation infamante « d'association de malfaiteurs ». Ce politi-
cien appartient au clan méliniste qui, après avoir
livré la République au Gésu, veut compléter son
œuvre en la faisant égorger par un dictateur. Malgré la perte d'une situation laborieusement acquise
et un exil douloureux, nous n'avons pu, en haine

de ce misérable, devenir antisémite parce qu'il était juif, césarien parce qu'il se prétendait républicain.

Pour comprendre cette thèse, il suffit *d'aimer la République.* Ce n'est pas le cas de certains citoyens croyant professer, de bonne foi, des idées avancées, mais qui dédaignent d'envisager les complexités de la vie nationale. Convaincus de l'excellence de leurs doctrines, ils ne prêtent qu'une insuffisante attention aux manœuvres d'une coalition puissante, qui considère comme un crime contre Dieu et les hommes, la libre propagande de leurs théories ; ils semblent s'être imposé des œillères pour éviter de constater l'indifférence profonde de ceux qui les environnent, l'ambiance d'abjection et de lâcheté où se meuvent les gens qu'ils coudoient chaque jour.

Cet état d'esprit que l'on retrouve analysé minutieusement dans les livres des jésuites — ces grands meneurs politiques et sociaux — sert aux louches combinaisons réactionnaires, parce qu'il est utilisable. Il transforme des hommes animés de convictions égalitaires en des instruments inconscients de discorde et de complicité, aux mains expertes des drôles gagés par la Restauration monarchique — ultime espoir des classes dirigeantes.

TABLE

Imp. Industrielle et Artistique, 15-17, rue des Martyrs, Paris.

I. LÉVY

LA
Revue Anticléricale

Organe de la Ligue Anticléricale de France

Bureaux : 3, Avenue de Strasbourg
NOISY-LE-SEC (Seine)

ABONNEMENT :

POUR SIX MOIS..... 0 FR. 75 — POUR UN AN..... 1 FR. 50

Prix du Numéro : DIX centimes

Envoi franco d'un NUMÉRO spécimen sur demande
adressée à

M. Ulysse BAUDRIT, administrateur
à NOISY-LE-SEC (Seine)

VENTE AU NUMÉRO : 19, RUE DU TEMPLE, PARIS

www.ingramcontent.com/pod-product-compliance
Lightning Source LLC
Chambersburg PA
CBHW072014290326
41934CB00009BA/1769